2me Édition revue et augmentée

NOUVEAU

...hier de Géographie.

Résumés et Cartes muettes.

Géographie Générale,
...ÉRIQUE, OCÉANIE, AFRIQUE.

Par V. CHOSSON,

Professeur de Géographie
à l'École Pratique de Commerce et d'Industrie de ROMANS (Drôme).

Prix: 0 fr. 90.

En vente chez l'Auteur

CAHIERS CHOSSON

Édition des Écoles Pratiques

1er Cahier : Géographie générale, Amérique, Océanie, Afrique (2e édition)
    — L'Asie et l'Europe (2e édition) — 1 fr.
    La France et ses Colonies, géographie commerciale — 1 fr.

Édition des Écoles Primaires Supérieures

1er Cahier : Principaux aspects du Globe, La France — 1 fr. 10
    L'Europe moins la France — 0 fr. 90
    Le Monde moins l'Europe — 1 fr.
    La France et ses Colonies, brevet élémentaire (2e édition) — 1 fr. 10

CAHIERS DIPLOMÉS

AUX EXPOSITIONS DE BRUXELLES 1910 ET DE TURIN 1911.

2me Edition revue et augmentée.

NOUVEAU

Cahier de Géographie.

✛

Résumés et Cartes muettes.

✛

Géographie Générale,

AMÉRIQUE, OCÉANIE, AFRIQUE.

✛

Par V. CHOSSON,

Professeur de Géographie
à l'Ecole Pratique de Commerce et d'Industrie de ROMANS (Drôme).

Prix : 0 fr. 90.

En vente chez l'Auteur.

AVANT-PROPOS.

Ce NOUVEAU CAHIER DE GÉOGRAPHIE *facilite la tâche du Maître et de l'Elève:*

DU MAITRE. — En le dispensant de dicter un résumé, *ce qui lui permet de gagner du temps, d'exposer plus longuement sa leçon et de faire des lectures intéressantes.*

DE L'ÉLÈVE. — *1°* En lui fournissant un texte simple, clair, bien orthographié et assez complet *pour qu'il puisse y retrouver les idées essentielles de la leçon;*

2° En lui permettant d'obtenir, *par lui-même et quelle que soit son aptitude,* des cartes modèles aux contours très apparents *et ne renfermant d'autres noms que ceux indiqués par le Professeur;*

3° En lui facilitant la revision de fin d'année ou en vue de la préparation à un examen.

Nous avons laissé, au-dessous de la plupart des cartes, des blancs *qui pourront être remplis par* des compléments, des dessins, des croquis, *au choix du Professeur.*

Enfin, on remarquera que nous avons apporté un très grand soin à la disposition matérielle du texte, *afin que l'élève soit vivement frappé par le plan et les idées importantes de la leçon, mis ainsi en relief.*

CONSEILS.

Afin de rendre les contours très apparents, nous conseillons à l'Elève de passer sur les traits bleus des traits à la plume avec de l'encre noire ou de couleur, *suivant les indications du professeur.*

Si l'on veut obtenir de l'uniformité, nous croyons utile de recommander à nos Collègues de vouloir bien donner, au début du cours, des indications très précises sur la confection des cartes.

L'Elève doit apprendre, par des exercices répétés, à reproduire les cartes de mémoire.

V. CHOSSON.

Notions de Géographie générale.

La Géographie. - La géographie est la description raisonnée de la terre et l'étude des divers phénomènes qui se produisent à sa surface. Elle comprend :

1° **La géographie physique** qui étudie la terre avec les différents accidents naturels qu'on y rencontre (*plaines, montagnes, fleuves, mers, climat*) ;

2° **La géographie politique** qui étudie les hommes et leur organisation politique (*population, race, religion, gouvernement, villes*) ;

3° **La géographie économique** qui étudie les richesses qu'elle nous fournit (*agriculture, industrie, voies de communication, commerce*).

Le Globe terrestre.

Le système solaire. - La terre fait partie du système solaire qui comprend le soleil (*étoile*) et **8 principales planètes avec leurs satellites.**

Les planètes sont : Mercure, Vénus, la Terre, Mars, Jupiter, Saturne, Uranus et Neptune.

On appelle **satellite** un astre qui tourne autour d'une planète. Le satellite de la terre est la **lune.**

Forme et dimensions de la terre. - La terre est ronde. Elle a 40.000 km de tour et 510 millions de km2 de superficie (1,000 *fois la France*).

Nombreuses sont les preuves qui montrent la rotondité de la terre (*navire qui vient vers le rivage. — On peut en faire le tour — Horizon circulaire*).

Mouvements de la terre. - La terre est animée de 2 mouvements :

1° D'un mouvement de rotation sur elle-même, d'une durée de 24 heures ; ce mouvement produit la succession **des jours et des nuits** ;

2° D'un mouvement de translation autour du soleil, d'une durée de 365 jours 1/4 (*année bissextile*) ; la terre décrit une ellipse appelée **orbite.**

Définitions. - L'axe de la terre est la ligne imaginaire autour de laquelle elle tourne.

Les pôles sont les deux extrémités de l'axe (*pôle nord, pôle sud*).

L'équateur est une circonférence située à égale distance des pôles. (*Hémisphère boréal, hémisphère austral*).

Les méridiens sont des circonférences imaginaires qui font le tour de la terre en passant par les 2 pôles.

Les parallèles sont des circonférences imaginaires parallèles à l'équateur.

Latitude et longitude. - Un point de la surface de la terre est déterminé par sa latitude et sa longitude.

La **latitude** d'un lieu est la distance de ce lieu à l'équateur. Il y a 90° de **latitude nord** et 90° de **latitude sud.**

La **longitude** d'un lieu est la distance mesurée sur l'équateur, depuis le méridien d'origine jusqu'au méridien de ce lieu. Il y a 180° de **longitude est** et 180° de **longitude ouest.**

Différence de l'heure avec la longitude. - Pour éclairer successivement un degré, la lumière du soleil met $\dfrac{24 \times 60}{360} = 4$ minutes. Donc tous les points de la terre ne marquent pas la même heure à la fois. Ceux qui sont à l'est sont en avant sur Paris ; ceux qui sont à l'ouest sont en retard.

Les saisons. - L'axe de la terre étant incliné par rapport au plan de l'écliptique *(c'est le plan des rayons lumineux venant du soleil)*, et cet axe restant toujours parallèle à lui-même, il s'en suit que le mouvement de translation de la terre produit les 4 saisons *(printemps, été, automne, hiver)*.

Deux fois par an, le 21 mars et le 22 septembre, le cercle d'illumination passe par les 2 pôles ; ce sont **les équinoxes** *(nuits égales aux jours)*.

Au solstice d'été, le 21 juin, époque pendant laquelle les rayons lumineux tombent perpendiculairement sur **le tropique du Cancer**, les jours sont les plus grands possible, dans l'hémisphère boréal.

Au solstice d'hiver, le 21 décembre, époque pendant laquelle les rayons lumineux tombent perpendiculairement sur **le tropique du Capricorne**, les jours sont les plus petits possible, dans l'hémisphère boréal.

Les zones. - Plus on se rapproche des pôles, plus la chaleur diminue. Aussi on a divisé le globe en 5 zones par 4 parallèles :

1° **La zone torride** (à cheval sur l'équateur) limitée, au nord par le tropique du Cancer, au sud par le tropique du Capricorne ($23°\,1/2$) ;

2° **Les 2 zones tempérées** comprises, dans chaque hémisphère, entre le tropique et le cercle polaire mené à $66°\,1/2$ de l'équateur ;

3° **Les 2 zones glaciales** qui couvrent les 2 pôles jusqu'aux deux cercles polaires.

Notions élémentaires de Géologie.

La géologie. - La géologie est la science qui étudie l'origine, la composition de la terre et ses différentes transformations.

Origine de la terre. - D'après l'hypothèse de Laplace, la terre aurait été une étoile qui se serait peu à peu solidifiée. Il existe, en effet, un **feu central** dont l'existence nous est révélée par l'augmentation de la température avec la profondeur, par les sources d'eau chaude et par les éruptions volcaniques.

Composition du sol. - Les roches qui composent la surface de la terre se groupent en 2 catégories.

1º **Les roches éruptives ou volcaniques**, très dures et très anciennes, composées de petits cristaux. Ce sont le **granit**, le **porphyre**, le **basalte**.
Elles sont imperméables à l'eau.

2º **Les roches sédimentaires ou de dépôt**, moins dures, qui se présentent sous forme de couches superposées. Ce sont le **calcaire**, l'**ardoise**, les **sables**, l'**argile**. Elles se sont formées au fond des mers et contiennent des débris d'animaux appelés **fossiles**.
Elles sont plus ou moins perméables.

Les terrains. - Suivant leur ancienneté, on considère :

1º **Les terrains primitifs et primaires**, les plus anciens, qui sont formés principalement de granit et qui renferment divers minerais et de la houille (*Massif Central*) ;

2º **Les terrains secondaires** qui sont très riches en calcaire (*Jura*) ;

3º **Les terrains tertiaires** dans lesquels dominent les sables, les grès, les marnes, les argiles (*bassin parisien*) ;

4º **Les terrains quaternaires** qui sont plus récents. Ils ont été formés par les dépôts des eaux courantes et des mers (*île de la Camargue*).

Relief du sol.

La surface des terres est couverte d'innombrables irrégularités : ici des montagnes ou d'immenses plaines, là de profonds ravins.

Formation du relief. – Ce relief est dû :

1° **A des plissements** de l'écorce terrestre résultant de son refroidissement ;

2° **A des affaissements** (*affaissement de la plaine d'Alsace qui divisa les Vosges et la Forêt Noire*) ;

3° **Aux éruptions volcaniques** qui soulevèrent des chaînes entières (*chaîne des Puys*) et recouvrirent les montagnes de lave ;

4° **Aux agents d'érosion** : température, vents, pluies et surtout les eaux courantes qui ont usé les premiers terrains formés et qui tendent à les niveler. Sous leur action, des montagnes sont devenues des plateaux et des pénéplaines.

Les 3 principales formes du relief. – Le relief du sol peut présenter 3 formes principales : la montagne, le plateau, la plaine.

Les montagnes. – **Les montagnes** sont des plissements de l'écorce terrestre supérieurs à 500ᵐ. Lorsque les hauteurs sont inférieures à 500ᵐ, on les appelle **des coteaux et des collines.**

Une chaîne de montagnes est un alignement de montagnes conservant la même direction (*chaîne des Pyrénées*).

Un massif est un amas confus de montagnes (*massif des Alpes*).

La partie supérieure d'une montagne et la montagne elle-même s'appelle, suivant sa forme : **pic** (*pic du Nethou*), **puy** (*puy de Dôme*), **ballon** (*ballon d'Alsace*).

Les montagnes vieilles ont des formes arrondies.

Les montagnes jeunes ont des formes élancées.

On désigne sous le nom **de versants** les 2 pentes d'une chaîne de montagnes.

Un col est une échancrure permettant le passage d'un versant à un autre (*passe, port*).

La vallée est l'espace compris entre 2 chaînes de montagnes (*vallée longitudinale, vallée transversale*).

Les plateaux. – **Les plateaux** sont des massifs de hauteurs terminés par de vastes étendues à peu près plates. Leur hauteur est en général supérieure à 400ᵐ.

Les uns constituent des plaines élevées (*les Causses*).

Les autres résultent de l'usure des montagnes (*Ardennes*).

Les plaines. – **Les plaines** sont de vastes étendues à peu près plates et peu élevées au-dessus du niveau de la mer. On l'appelle :

Lande, quand elle est inculte et garnie de bruyères et de genêts ;

Steppe, quand elle est dépourvue d'arbres et couverte de hautes herbes ;

Polder, quand elle est située au-dessous du niveau de la mer. Des dunes ou des digues retiennent les eaux (*polders de Hollande*).

Volcans. – **Les volcans** sont des montagnes qui vomissent, par un orifice appelé **cratère,** de la fumée, des cendres et des matières en fusion (*lave*). Ils sont probablement dus à l'existence du feu central et à l'infiltration des eaux de la mer.

Tremblements de terre. – **Les tremblements de terre** sont des ébranlements plus ou moins brusques de l'écorce terrestre. Leurs effets sont parfois terrifiants (*un tremblement de terre détruisit, en 1775, la ville de Lisbonne ; celui du 11 juin 1909 ravagea la Provence*).

Influences du relief sur la vie. – Climat. — Les régions montagneuses sont toujours plus froides que les régions voisines. Elles reçoivent davantage de pluies.

Productions. — Les montagnes sont généralement couvertes de forêts et de pâturages.

Les plaines ont de riches cultures.

Les plateaux sont en général pauvres.

Population. — La population est plus dense dans les plaines que sur les plateaux et les montagnes.

Continents et Mers.

Étendue comparée des terres et des mers. - La surface de la terre est occupée par les continents (136.000.000 km2) et par les océans (374.000.000 km2).

Les terres sont beaucoup plus nombreuses dans l'hémisphère boréal que dans l'hémisphère austral.

Les continents. - Il y a 3 continents :

1° L'ancien continent, qui comprend l'Europe, l'Asie et l'Afrique ;

2° Le nouveau continent ou continent américain ;

3° Le continent austral ou Océanie.

L'ancien continent (82.000.000 km2) est le plus vaste des continents ; l'Asie (42.500.000 km2) est la plus grande des 5 parties du monde.

Les océans. - Il y a 5 océans : l'océan glacial arctique, l'océan glacial antarctique, l'océan pacifique, l'océan atlantique, l'océan indien.

Le plus grand est l'océan pacifique.

Profondeur des mers. - Le fond de la mer n'est pas uniformément plat ; comme la surface des continents, il présente de grandes irrégularités. On a mesuré des profondeurs de plus de 9.000 mètres (9.636 *près des îles Mariannes dans l'Océan Pacifique*).

Salure des mers. - L'eau de mer est plus salée dans les régions équatoriales que dans les régions polaires (*la Mer Rouge est 9 fois plus salée que la Baltique*).

La proportion varie de 3 à 41 pour 1.000.

Mouvements qui agitent les mers. - La mer est agitée par 3 mouvements :

1° Par les vagues, sortes de rides dues au vent. Elles peuvent atteindre 15 mètres dans l'Atlantique ;

2° Par les marées, qui sont des mouvements de va-et-vient de la mer, appelés **flux** lorsque l'eau vient vers le rivage (*marée montante, durée 6 h. 12*), et **reflux** lorsque l'eau se retire (*marée descendante, durée 6 h. 12*). La différence de niveau est de 11m en Bretagne.

Les navires utilisent les marées : ils rentrent aux ports à la marée montante et partent à la marée descendante.

Les marées sont dues à l'attraction de la lune sur les eaux de la terre.

3° Par les courants marins qui sont dus à l'inégale répartition de la chaleur du soleil à la surface des mers. Dans la zone torride, l'eau est plus chauffée qu'aux pôles ; d'où des courants de l'équateur vers les pôles (*courants équatoriaux*), et des courants des pôles vers l'équateur (*courants polaires*).

Les courants équatoriaux. - Les principaux courants équatoriaux sont :

1° Pour l'Atlantique, le **Gulf-Stream** qui sort du golfe du Mexique, traverse l'Océan Atlantique et vient réchauffer les côtes de France, d'Angleterre et de Norvège (*température 26°, largeur 90 km, vitesse 8 km à l'heure*).

2° Pour le Pacifique, le **Kouro-Sivo** qui réchauffe les côtes de la Chine, du Japon et de l'Amérique du Nord.

Les courants polaires. - Les principaux courants polaires sont :

1° Venant de l'Océan Arctique, les courants du Labrador et du Groenland qui rencontrent le Gulf-Stream dans les environs de Terre-Neuve (*bancs de sable*) ;

2° Venant de l'Océan Antarctique, le courant de Humboldt ou du Pérou qui longe les côtes du Chili et du Pérou.

Effets des courants. - Les courants équatoriaux réchauffent les côtes qu'ils rencontrent, les courants polaires les refroidissent.

Les navires les utilisent (*les paquebots venant de New-York en France utilisent le Gulf-Stream*).

Les Côtes.

Les côtes constituent le bord des mers.

Nature des Côtes. - Les côtes présentent trois types différents :

1° **Le type rocheux découpé** formé de roches de nature différente, offrant ainsi une plus ou moins grande résistance à l'action des eaux de la mer (*côte de Bretagne*) ;

2° **Le type rocheux non découpé** formé de roches homogènes (*côte du pays de Caux*) ;

3° **Le type alluvial** formé de terrains apportés par les eaux.

Divisions. - On considère :

1° **Les côtes élevées ou rocheuses** ;

2° **Les côtes basses, marécageuses ou sablonneuses.**

Remarque. - L'élève devra savoir les définitions des mots suivants : cap, golfe, baie, détroit, isthme, île, archipel, presqu'île, falaise, plage, dune.

Le Port de Commerce.

Emplacement d'un port. - Un port n'est pas placé au hasard sur la côte.

A part certains ports situés sur de grandes lignes de navigation (*Aden, Singapour*), le développement d'un port dépend à la fois de sa situation sur la mer et de l'état économique de la région dont il est le débouché. On a choisi de préférence :

1° **Les baies profondes et bien abritées** (*Rio-de-Janeiro*) ;

2° **L'estuaire des fleuves** lorsqu'elle n'est pas ensablée (*Hambourg, Anvers, Londres*) ou un point près de l'embouchure (*Le Havre, Marseille*).

Ils sont établis aussi **près des régions agricoles et industrielles** (*Dunkerque*).

Le grand port moderne. - Le grand port moderne doit être :

1° **En eau profonde** pour permettre l'arrivée des grands navires (9 à 12ᵐ) ;

2° **Pourvu de tout l'outillage** nécessaire pour effectuer le plus rapidement possible le transbordement des voyageurs et des marchandises (*quais étendus, grues nombreuses et puissantes*) ;

3° **Rattaché par de nombreuses voies de communication** avec l'intérieur du pays (*fleuves, canaux, chemins de fer*).

L'Atmosphère.

L'**atmosphère** est la couche d'air qui enveloppe la terre.

Les vents. – Les vents sont des déplacements d'air dus à l'inégale répartition de la chaleur du soleil ; la moindre inégalité de température entre 2 points suffit pour déterminer un vent.

Divisions. – Parmi les vents, on distingue :

1° **Les vents réguliers** qui soufflent toujours dans la même direction : tels sont les **alizés** et les **contre-alizés**. Les alizés soufflent des tropiques vers l'équateur, en s'inclinant vers l'Ouest. Les contre-alizés soufflent, dans les régions élevées de l'atmosphère, de l'équateur vers les tropiques (*alizés du Nord, alizés du Sud*).

2° **Les vents périodiques** qui soufflent tantôt dans une direction, tantôt dans une autre : tels sont **les moussons et les brises de terre et de mer**.

La mousson est un vent qui souffle 6 mois de la mer vers la terre (*mousson d'été, pluvieuse*), et 6 mois de la terre vers la mer (*mousson d'hiver, sèche*). Les moussons de l'Inde en sont des exemples frappants.

Les brises sont des vents qui soufflent tantôt de la mer vers la terre (*brise de mer, dans la journée*) ; tantôt de la terre vers la mer (*brise de terre, pendant la nuit*).

3° **Les vents locaux** comme **le simoun** du Sahara, **le siroco** d'Italie, **le mistral** de la vallée du Rhône.

Les pluies. – Les pluies résultent d'un refroidissement de la vapeur d'eau de l'atmosphère, qui se condense et tombe sous forme **de pluie ou de neige**.

La quantité de pluie tombée dans un lieu dépend de la direction des vents, du relief et du voisinage de la mer.

Répartition générale des pluies. – On distingue successivement de l'équateur au pôle :

1° **Une zone chaude humide** caractérisée par l'abondance des pluies (*région de l'Amazone en Amérique, du Congo en Afrique*) ;

2° **Une zone chaude sèche** caractérisée par l'absence presque totale des pluies (*déserts du Sahara, du Kalahari*) ;

3° **Une zone tempérée sèche** caractérisée par des pluies hivernales (*Algérie*) ;

4° **Une zone tempérée humide** avec des pluies assez fréquentes (*France*) ;

5° **Une zone polaire** aux pluies rares (*bourrasques de neige*).

Le Climat.

Le **climat** d'un lieu résulte de l'ensemble des conditions de variation de température de ce lieu. Il dépend :

1° **De la latitude,**

2° **De l'altitude,**

3° **Du voisinage de la mer,**

4° **Des courants marins,**

5° **Des vents,**

6° **De la nature du sol,**

7° **De l'exposition du lieu.**

On appelle **lignes isothermes**, des lignes dont tous les points ont une température moyenne égale (*lignes isothères, pendant l'été ; lignes isochimènes, pendant l'hiver*).

Divisions. – On distingue :

1° **Le climat maritime** caractérisé par des étés tièdes et des hivers doux ;

2° **Le climat continental** caractérisé, dans la zone tempérée, par des hivers rudes, des étés brûlants et des saisons intermédiaires très courtes (*climat russe*). Près de la zone torride, il est caractérisé par une grande différence de température entre le jour et la nuit (*Sahara*).

Le climat continental est sec.

Les Eaux courantes.

Formation des cours d'eau. - Les cours d'eau sont formés :

1º Par les sources des terrains perméables ;

2º Par les neiges et les glaciers. Les glaciers sont de véritables fleuves de glace qui occupent les parties basses des cimes des hautes montagnes. Les glaciers avancent lentement (*moraines*). Dans nos régions on trouve des neiges éternelles à partir de 2.700^m.

3º Par les eaux de ruissellement provenant des pluies.

Caractères des fleuves. - On entend par débit d'un fleuve, l'abondance plus ou moins grande de ses eaux.

Un fleuve est dit **régulier** quand les variations de son débit ne sont pas considérables (*la Seine*). Il sera **irrégulier** dans le cas contraire (*la Loire*).

Le régime et le débit d'un fleuve dépendent :

1º Du régime des pluies, pluies abondantes, fleuves abondants ;

2º Du relief ;

3º De la nature du sol, régime régulier dans les terrains perméables, irrégulier dans les terrains imperméables.

Utilité des fleuves. - Les fleuves constituent de grandes voies naturelles de communication ; ce sont « des chemins qui marchent ».

Par leurs chutes, ils fournissent à l'homme des forces considérables de plus en plus utilisables par l'emploi de la force électrique.

Ils servent à irriguer les champs et nous fournissent du poisson.

Remarque. - L'élève devra savoir ce qu'on entend par source, embouchure, estuaire, delta, amont, aval, rive droite, rive gauche, affluent, confluent.

Lacs et Marais.

Lorsque les eaux rencontrent des anfractuosités, elles s'y accumulent et constituent des lacs.

Divisions. - On peut considérer :

1º Les lacs constituant l'origine des fleuves (*lacs Bangouélo, Victoria*) ;

2º Les lacs traversés par les fleuves. Ils ont une action régularisatrice (*lacs de Genève, de Constance*).

3º Les lacs sans écoulement (*lac Tchad*).

Action des eaux. - L'eau qui ruisselle ronge constamment le sol. C'est l'agent d'érosion le plus important ; il tend à niveler les terrains.

Les Etres vivants.

La terre est couverte d'innombrables végétaux et habitée par l'homme et les animaux.
La flore est l'étude des végétaux.
La faune, celle des animaux.

Les Végétaux.

La croissance et la variété des végétaux dépendent **du climat et de la nature du sol.** Un climat humide et chaud active la végétation ; un sol fertile produit plus qu'un autre qui ne l'est pas.

Répartition des végétaux. — A chaque zone climatérique, correspond une zone de végétation particulière.

1° **A la zone chaude et humide correspond une végétation puissante** (*forêts vierges, bambous, bananiers, baobabs).*

2° **La zone sèche ne renferme qu'une maigre végétation** (*palmiers dans les oasis).*

3° **La zone tempérée sèche possède des arbres à feuilles persistantes** (*orangers, citronniers, oliviers, chênes-verts).*

4° **La zone tempérée humide possède les cultures de la France et des forêts.**

5° **La zone glaciale ne produit que des mousses et des lichens.**

Dans la mer, il y a de grandes algues.

Les Animaux.

Pour les animaux, les zones sont moins bien marquées, parce que ceux-ci se sont déplacés plus facilement.

1° **La zone tropicale est habitée par de grands animaux** *(éléphants, rhinocéros, hippopotames, lions, tigres)* **et de grands reptiles** (*boas).*

2° **La zone sèche, par des chameaux** qui résistent longtemps à la soif.

3° **La zone tempérée, par nos animaux domestiques.**

4° **La zone polaire, par les rennes, les ours blancs.**

La faune des mers est extrêmement variée (*poissons, mollusques).*

L'Homme.

La population du globe est d'environ 1 milliard 600 millions d'habitants.

Elle est très mal répartie ; les régions désertes et glacées, les montagnes sont très peu peuplées.

Les races. - Les hommes qui habitent la terre peuvent se grouper en 4 grandes races.

1° **La race blanche,** 750.000.000 h., caractérisée par la peau blanche, le front droit, le nez un peu allongé, les cheveux lisses, comprend :

Le groupe aryen, Indous, Persans, Grecs, Latins, Germains, Slaves ;

Le groupe sémitique, Arabes, Juifs, Berbères.

2° **La race jaune,** 680.000.000 h., caractérisée par la peau jaune olivâtre, les yeux obliques, le nez petit, les cheveux durs (*Chinois, Mongols, Japonais, Turcs, Magyards*).

3° **La race noire,** 150.000.000 h., caractérisée par la peau noire, les mâchoires avancées, le front fuyant, les lèvres grosses, les cheveux crépus. Ils habitent le centre de l'Afrique.

4° **La race rouge,** 10.000.000 h., de couleur rouge cuivré. Ce sont les Indiens de l'Amérique.

Principales religions. - Les principales religions sont :

1° **Le christianisme** qui comprend le catholicisme, le protestantisme et la religion orthodoxe ;

2° **Le judaïsme** professé par les Juifs ;

3° **Le mahométisme** professé dans le nord de l'Afrique, l'Asie occidentale. La Mecque est la ville sainte.

4° **Le brahmanisme** professé dans l'Inde ;

5° **Le bouddhisme** professé en Chine et au Japon ;

6° **Le fétichisme** professé par les sauvages qui adorent les forces de la nature (*soleil, tonnerre, etc.*).

La Civilisation.

La civilisation actuelle est l'œuvre des milliers de générations qui nous ont précédés.

Les différents états de la civilisation. - Les peuples qui habitent actuellement la terre vivent sous 4 états différents de civilisation :

1° **La vie sauvage** est celle des peuples qui se nourrissent des produits de la chasse et de la pêche, de fruits. Ils ne se livrent à aucune culture (*Esquimaux, Australiens, quelques nègres du Congo*).

2° **La vie pastorale** marque un réel progrès. L'homme a domestiqué les animaux, les a réunis en troupeaux qu'il mène paître tantôt sur certains pâturages, tantôt sur d'autres. De là des déplacements successifs qui font appeler cette vie **la vie nomade.** Pour garder ces troupeaux, les hommes ont dû s'associer en tribus (*les Touaregs du Sahara*).

3° **La vie agricole** est celle de l'homme qui s'est attaché au sol qu'il cultive. Il mène une vie sédentaire et construit des habitations. Il a pu alors s'organiser et fonder des Etats.

4° **La vie industrielle** est une conséquence de la vie agricole. Cette dernière créait à l'homme des besoins nombreux auxquels l'industrie devait satisfaire. Celle-ci s'est établie dans les régions riches en houille et en minerais. **La vie industrielle est pleine d'activité** en comparaison de la vie paisible des régions agricoles.

Les Régions Polaires.

Caractères des régions polaires. - Il y a 2 régions polaires correspondant aux 2 pôles.
Elles sont couvertes de glace.
En allant vers les pôles on rencontre :
1° La région des glaces flottantes ou **icebergs**, véritables montagnes flottantes ,
2° La région des **banquises**, vastes murs de glace, abrupts, laissant entre eux des chenaux par où s'engagent les bateaux ;
3° La région des **champs de glace** à laquelle s'arrête la végétation. On s'y aventure à l'aide de traîneaux tirés par des chiens. Dans cette région, la couche de glace devient parfois si épaisse qu'on ne sait si l'on se trouve sur la terre ou sur l'eau.
Les terres polaires ont des altitudes élevées (2.000ᵐ).

Climat polaire. - Pendant toute l'année, il y règne un **froid excessif** (— 30°). Les aurores boréales ont une durée de 60 jours au 70° de latitude et de 134 jours au 80°. Les tourmentes de neige y sont fréquentes.
La **végétation** ne comprend que quelques mousses et lichens.
La **faune** est plus nombreuse (*animaux à fourrure, marte, loutre, ours blanc, bœuf musqué, renne, chien, phoque, morse, pingouin*).
Les **habitants** sont très rares (*Esquimaux*).

Les terres du pôle nord. - Elles sont relativement nombreuses :
1° Au nord de l'Europe, le Spitzberg, la terre François-Joseph, la Nouvelle-Zemble ;
2° Au nord de l'Asie, les îles Liakoff et Wrangel ;
3° Au nord de l'Amérique, les terres du Prince de Galles, du Prince Albert, de Bank, de Victoria, de Baffin, de Grant et le Groenland.

Le Groenland. - C'est la terre la plus importante du pôle nord.
La côte sud est seule habitée (10.000 h.).
Il appartient au Danemark. Les villes principales sont : Julianshaad et Frédérikshaad.

Les terres du pôle sud. - Elles sont moins connues que les autres. Elles sont inhabitées. Ce sont les terres de Louis-Philippe, Enderby, Victoria.

Principales explorations au pôle nord. - La découverte des passages du **Nord-Est** et du **Nord-Ouest** excita les explorateurs.
Le passage du **Nord-Ouest** est au nord de l'Amérique ; il fut découvert par **Marc-Clure**.
Le passage du **Nord-Est**, au nord de l'Asie, fut trouvé par **Nordenskiold** (1878-1880).
Nansen atteignit, en 1895, le 86° et **Peary** le 87°6, en 1906.

Principales explorations au pôle sud. - L'Anglais **Cook**, puis le Français **Dumont d'Urville** explorèrent le pôle sud. Le Norvégien **Amundsen**, monté sur le *Fram*, doubla le cap Horn et arriva le 12 janvier 1911 dans la baie des Baleines. Muni de 115 chiens groenlandais, il atteignit le pôle sud le 18 décembre 1911. Le pôle sud forme un plateau de 3.000ᵐ (*du roi Haakon VII*).

Le Continent Américain.

Notions Générales.

Superficie : 41 millions de km2.

Situation et forme. – Le Continent américain forme deux masses de terre :

1º **L'Amérique du Nord**, 23.000.000 km2 ;

2º **L'Amérique du Sud**, 17.500.000 km2.

Elles sont réunies entre elles par une étroite bande de terre qui constitue **l'Amérique Centrale** (500.000 km2), et par un groupe d'îles appelées **les Antilles**.

Sur le globe, le Continent américain occupe une situation transversale (*à cheval sur l'équateur*) ; tandis que l'Ancien Continent s'étend plutôt parallèlement à l'équateur.

Analogies du relief. – Le relief des 2 Amériques présente de grandes analogies. Du nord au sud, le long des côtes du Pacifique, se développent 2 chaînes de montagnes séparées entre elles par les faibles hauteurs de l'isthme de Panama. Ce sont :

1º **Les Montagnes Rocheuses**, dans l'Amérique du Nord et l'Amérique Centrale ;

2º **La Cordillère des Andes**, dans l'Amérique du Sud.

Vers l'Atlantique s'étendent des **chaînes moins élevées et des plateaux** ; tandis que le centre est occupé par **de vastes plaines** (*plaines du Mississipi, de l'Amazone*).

Histoire sommaire de l'exploration. – L'Amérique fut découverte par **Christophe Colomb** (1492) qui toucha aux îles Lucayes. Ce fut le Florentin **Améric Vespuce** qui lui donna son nom. **Magellan** passa par le détroit de Magellan, au sud.

Les **Espagnols** firent la conquête du Mexique, du Pérou, du Chili, de la République Argentine ; les **Portugais**, du Brésil.

Jacques Cartier découvrit le **Canada** ; **Champlain** en fut le gouverneur et fonda Québec et Montréal.

Cavelier de la Salle explora la Louisiane et fonda la Nouvelle-Orléans.

La colonisation. – Les peuples européens se sont disputés les 2 Amériques ;

Les Anglais et les Français, l'Amérique du Nord ;

Les Espagnols et les Portugais, l'Amérique Centrale et l'Amérique du Sud.

Toutes ces colonies, sauf le Canada et les Antilles, se sont affranchies et forment des républiques.

Langues. – Dans l'Amérique du Nord on parle l'anglais et le français.
Dans l'Amérique du Sud, l'espagnol.

Les races. – Trois races ont contribué à former le peuple américain :

1º **Les indigènes ou Indiens** (*peaux rouges*) qui disparaissent ;

2º **Les Européens**, Anglais, Français, Espagnols, Portugais, Allemands, Italiens ;

3º **Les Nègres** importés au moment de la traite des Nègres. Ils sont affranchis.

L'Amérique du Nord.

(Physique.)

L'Amérique du Nord et l'Amérique Centrale sont entièrement situées dans l'hémisphère boréal.

Superficie : 23.000.000 km2.

Relief du sol. - Il comprend 3 parties :

1° A l'ouest les **Montagnes Rocheuses** formées de chaines parallèles entre elles et à la côte du Pacifique, allant de l'Alaska à l'isthme de Panama. Elles comprennent : au nord, les **Monts de l'Alaska** (*Saint-Elie*, 5.800^m) ; plus au sud, la chaîne s'élargit et forme 2 groupes, la **chaine côtière** (*Monts des Cascades, la Sierra Névada, la Sierra Madre occidentale*) les **Montagnes Rocheuses** proprement dites vers l'intérieur (*Monts Brown* 4.850^m, *Hooker* 4.300^m, *le pic Blanca* 4.400^m) et la **Sierra Madre orientale**. Entre ces 2 chaînes s'étendent **d'immenses plateaux** (*de Colombie, de l'Utah, du Colorado et du Mexique*).

Dans l'Amérique Centrale, les 2 chaines se réunissent (*Orizaba, Popocatepetl* 5.450^m).

Ces montagnes sont volcaniques.

2° A l'est les **Alléghanys ou Appalaches** (*Black-Dome* 2.044^m).

3° **Au centre une immense plaine.**

Climat. - Rien n'arrête les vents glacés du nord ; aussi la plaine centrale est beaucoup plus froide qu'en Europe sous la même latitude.

A l'intérieur, le climat est glacé au nord, tempéré au centre, tropical au sud. La côte du Pacifique, à l'abri des montagnes, réchauffée par le Kouro-Sivo, jouit d'un climat plus doux. La région montagneuse est très froide.

Hydrographie. - Il y a 3 versants :

1° **Le versant de l'Océan Glacial** dont les fleuves sont gelés pendant la plus grande partie de l'année (*Mackensie, Nelson*) ;

2° **Le versant de l'Atlantique** qui comprend :

Le Saint-Laurent, très large et déversant 5 grands lacs (*Supérieur, Michigan, Huron, Erié, Ontario, cataracte du Niagara ; superficie totale des grands lacs* 238.000 km2).

Le Mississipi (7.200 k^m *avec le Missouri*) le plus long des fleuves du monde, atteignant une largeur et une profondeur considérables (*profondeur* 30^m, *largeur* 2 k^m). Ses 2 principaux affluents sont : **le Missouri et l'Ohio.**

Ils sont tous très navigables.

3° **Le versant du Pacifique** dont les fleuves sont courts, torrentueux à cause du voisinage des montagnes. Ce sont : **le Rio-Colorado, le Rio-Sacramento, le Youkon.**

Côtes. - Les côtes de l'**Océan Glacial** sont découpées, mais trop longtemps glacées (*baie d'Hudson*).

Celles de l'Atlantique sont très variées (*golfe du Saint-Laurent, baie de Chesapeake, golfe du Mexique*).

Celles du Pacifique sont hautes et rocheuses (*golfe de Californie*).

Le Canada.

Géographie physique.

(Voir la leçon précédente)

Situation. - Le Canada est situé au nord de l'Amérique du Nord.
Superficie : 9.000.000 km2.

Relief du sol. - 1° Montagnes Rocheuses à l'ouest ;
2° Plateau du Labrador à l'est ;
3° Immense plaine encombrée de lacs et inclinée vers l'Océan Glacial, au centre.

Climat. - Le climat est très rigoureux et très froid.

Hydrographie. - Le Mackensie, le Nelson, le Saint-Laurent et les grands lacs *Supérieur, Michigan, Huron, Érié, Ontario).*

Côtes. - Les côtes de l'Océan Glacial sont encombrées d'îles et gelées.
L'Atlantique forme le golfe du Saint-Laurent (*Terre-Neuve*).

Géographie politique.

Population. - 7.170.000 h. comprenant 2 500.000 de Franco-Canadiens et le reste d'Anglais et d'Indiens. Cette population est très petite par rapport à l'étendue du pays. Elle est groupée près des grands lacs. L'immigration a été de 350.000 h. en 1911.

Religion. - Les Anglais sont protestants, les Français catholiques.

Langues. - On parle anglais et français.

Gouvernement. - Le Dominion ou Canada est une colonie anglaise. Il est administré par un parlement et un gouverneur général.

Villes principales. - Ottova (80), la capitale politique , Montréal (466). Toronto (376). Québec (70). Halifax, Vancouver, Winnipeg (135).

Géographie économique.

Le Canada est un pays agricole.

Agriculture. - On distingue 3 régions :
1° La région des terres glacées au nord ;
2° La région des forêts au centre ;
3° La région des prairies et des cultures tout à fait au sud.
Les ressources agricoles consistent dans :
Les bois (*pâte à papier*),
Les céréales, Manitoba,
L'élevage des bœufs et des moutons (*beurre, fromage*).
La chasse des animaux à fourrure (*castor, renard, loutre*).

Productions minières. - Le Canada est assez riche en mines.
Or sur les bords du Fraser et du Klondike.

Houille, 10.000.000 t. en Nouvelle Ecosse et dans la Colombie ;
Fer, cuivre, nickel, près des grands lacs ; amiante, mica, dans la province de Québec.

Industrie. - Tous ces produits sont en partie exportés bruts ; le froid, le manque de bras nuisent beaucoup au développement industriel du pays. L'industrie est concentrée dans la région des grands lacs. Toronto en est le centre. Il y a des scieries, des minoteries, des tanneries et quelques usines métallurgiques.

Voies de communication. - Les grands lacs et le Saint-Laurent constituent une admirable voie de navigation ; malheureusement ils sont gelés en hiver.
Le **Canadien Pacifique Railway** (*transcanadien*) va de Montréal à Vancouver, 4 675 k^m.

Commerce. - Le commerce du Canada est en progrès (3 milliards en 1911).
Importations : produits fabriqués, denrées coloniales.
Exportations : bois, bétail, fromage, beurre, fourrures, viande, minerais.
L'Angleterre et les Etats-Unis en font la plus grande partie.

Avec la France. - Malgré la sympathie qui nous unit aux Franco-Canadiens, nos relations commerciales sont insignifiantes (*articles de luxe, vins*). Nous occupons le 4e rang après les Etats-Unis, l'Angleterre, l'Allemagne, avec 18.000.000 francs.

Terre-Neuve.

Terre-Neuve est une terre très froide, couverte de brouillards.
Ses côtes sont très découpées. Elle doit son importance à la pêche de la morue.
La rencontre des courants polaires et du Gulf-Stream a donné naissance à des bancs de sable recherchés par les morues (*Grand-Banc, banc de Saint-Pierre*). Cette pêche qui se fait du 15 avril au 15 septembre, attire chaque année de nombreux pêcheurs anglais et français. Le produit est évalué à 70.000.000 de francs par an.
Les Français n'ont conservé sur cette île que des droits de pêche ; mais ils possèdent encore deux petits îlots : **Saint-Pierre et Miquelon.**

Les Etats-Unis d'Amérique.

Géographie physique.

Les Etats-Unis occupent la partie centrale de l'Amérique du Nord. Superficie : 7.700.000 km2.

Relief du sol. – 1º **Les Montagnes Rocheuses à l'ouest** (*Monts des Cascades, la Sierra-Névada ; Plateaux de Colombie, de l'Utah, du Colorado*).
2º **Les Alléghanys à l'est** (*Black-Dome*, 2.044^m).
3º **Grande plaine du Mississipi au centre**, inclinée vers le golfe du Mexique.

Climat. - Il est continental, très chaud en été, froid en hiver (*New-York, latitude de Naples, a* + 24º et — 2º) ; les saisons intermédiaires, printemps et automne, sont à peine marquées. La région du golfe du Mexique a un climat tropical. La région du Pacifique jouit d'un climat plus doux.
Les pluies sont abondantes près des mers ; plus rares dans le centre.

Hydrographie. - L'Hudson, le Mississipi et ses affluents, le Rio-Colorado.

Côtes. - Les côtes de l'**Atlantique** sont hautes et découpées au nord ; basses, sablonneuses et marécageuses au sud.

Celles du **Pacifique** sont hautes et rocheuses.

Géographie politique.

Population. - 92.000.000 h. en 1910. Elle augmente rapidement à cause de l'immigration qui a été très intense, aujourd'hui restreinte par des lois sévères (300.000 h. *par an*). Elle comprend :

1° 83.000.000 de blancs (*Anglais, Français, Allemands, Italiens*) ;

2° 9.000.000 **de nègres,** venus au moment de la traite des nègres et maintenant affranchis ;

3° **Il y a quelques Chinois et des Japonais** vers l'ouest.

Les provinces de l'est sont les plus peuplées.

Religion. — Il y a un grand nombre de sectes religieuses, cependant la **religion protestante** domine.

Langue. — On parle l'anglais.

Gouvernement. — Les Etats-Unis forment une **République fédérative** de 47 états, qui jouissent chacun de lois spéciales. Ils sont administrés par un Président élu pour 4 ans, par un Sénat et une Chambre.

Villes. — **Washington** (230), capitale politique ; **New-York** (4.776), le plus grand port du monde par son tonnage ; **Philadelphie** (1.550) ; **Boston** (687) ; **Baltimore** (558) ; **Chicago** (2.185) ; **Saint-Louis** (687) ; **La Nouvelle-Orléans** (350), le port du coton ; **San-Francisco** (450) ; **Cleveland** (670) ; **Pittsburg** (533).

Géographie économique.

Le développement économique des Etats-Unis a été très rapide. Leur richesse agricole et minérale est énorme.

Agriculture. - L'immense plaine du centre se prête d'une façon merveilleuse à la grande culture (*emploi de machines et d'engrais*).

Les principales productions agricoles sont :

Le maïs, les 4/5 de la production du monde (*alimentation des porcs*) ;

Le blé, 200.000.000 hect. (*France*, 120.000.000) ;

Le coton, plus de la moitié de la production du monde, dans la région tropicale du sud-est ;

Le tabac. Maryland ;

Les arbres fruitiers et vigne, vers le Pacifique.

L'élevage des porcs, des bœufs, des moutons est considérable.

Productions minières. — Le sous-sol américain est un des plus riches du monde. Les principales productions minières sont :

La houille, 1er rang, (360.000.000 t.), le bassin houiller égale la superficie de la France, dans la région des Alléghanys ;

Le pétrole (25.000.000 t.), la moitié de la production du monde, en Pensylvanie ;

Le fer (27 000.000 t. *de fonte*), 1er rang, le 1/3 de la production totale ;

Le cuivre (527.090 t.), 1er rang, près du lac Supérieur et dans les Rocheuses ;

L'or (480.000.000 fr.), l'argent, dans les montagnes Rocheuses.

Industrie. — Le rapide développement industriel des Etats-Unis est dû à la richesse du sous-sol, aux nombreuses voies de communication et à l'activité intellectuelle de leurs habitants. Ils doivent aussi leur force à de puissantes sociétés appelées trusts qui monopolisent, à l'aide de forts capitaux, la production de certains objets (pétrole, acier).

L'industrie est concentrée dans la région du nord-est.

Industrie alimentaire, minoteries, conserves de viandes (*Chicago*).

Industrie textile, tissages de laine, de soie, de coton (*Philadelphie, Paterson*).

Industrie métallurgique, fonte, acier, rails, machines *Pittsburg, Cleveland*).

Voies de communication. - Les grands lacs, le Mississipi et ses affluents constituent d'admirables voies de navigation.

On a préféré construire de grandes voies ferrées, plutôt que de grandes routes. Il y a 381.701 km de chemins de fer (*France* 49.000). Quatre grandes lignes traversent le continent de l'Atlantique au Pacifique.

1º Le **Nord-Pacifique** de New-York à Astori (5.800 km).

2º Le **Central-Pacifique** de New-York à San-Francisco par Chicago (5.400).

3º L'**Atlantique-Pacifique** de New-York à San-Francisco par Saint-Louis.

4º Le **Sud-Pacifique** de New-York à San-Francisco par la Nouvelle-Orléans.

Commerce. - Il a été de 17 milliards 837 millions en 1910. Longtemps libres-échangistes, les Etats-Unis sont devenus protectionnistes à cause de la variété de leurs produits.

Les exportations dépassent de beaucoup les importations.

Importations : sucre, thé, café, vins, boissons, tissus, produits chimiques.

Exportations : blé, coton, tabac, viandes de conserve, pétrole, machines.

Avec la France. - Il était de 1.070 millions en 1910 ; 614 pour nos achats, 456 pour nos ventes.

Nous leur vendons des vins, des soieries, des objets d'art, des automobiles.

Nous leur achetons du coton, du tabac, du pétrole, des machines.

Colonies. - Les Etats-Unis possèdent le territoire glacé de l'**Alaska**, acheté à la Russie en 1867. C'est un pays riche en **mines d'or.**

Après la guerre avec l'Espagne, ils ont acquis **Porto-Rico** et les **Philippines.**

Sur la route de Chine, ils possèdent les îles **Sandwich** ou **Hawaï.**

Le Mexique et l'Amérique Centrale.

Géographie physique.

Ces pays forment une bande de terre qui unit les deux Amériques et qui va en s'amincissant de plus en plus vers l'Amérique du Sud. Elle porte trois étranglements : les isthmes de **Tehuantepec,** du **Honduras** et de **Panama.**

Relief du sol. - Ils sont parcourus par les **Montagnes Rocheuses** formant 2 chaînes (*Sierra Madre occidentale, Sierra Madre orientale*) entre lesquelles s'étend le plateau du **Mexique** ; puis, plus qu'une seule qui va en s'abaissant jusqu'à l'isthme de Panama (*les volcans du Popocatepetl, Orizaba* 5.500m, *Fuego*).

Deux plaines assez étroites longent les 2 océans.

Climat. - Suivant l'altitude, on distingue :

1º Les **terres chaudes,** près du littoral, au climat malsain ;

2º Les **terres tempérées,** intermédiaires ;

3º Les **terres froides,** sur les plateaux (*favorables aux Européens*).

Hydrographie. - Il n'y a pas de grands fleuves.

Côtes. - Celles de l'Atlantique sont basses et marécageuses.
Celles du Pacifique sont hautes.

Le Mexique.

Superficie : 1.900.000 km2.

Population. - 15.000.000 h. en 1910. Elle est composée de blancs, d'Indiens et de métis.
Les Mexicains sont catholiques.
Ils parlent l'espagnol.
Le Mexique forme une **république fédérative** calquée sur celle des Etats-Unis.
Les principales villes sont : **Mexico** (470), à 2.200ᵐ d'altitude, **Puebla** (101), **Vera-Cruz**, **Acapulco**, **Guadalajara** (119).

Industrie. - Le Mexique a de riches mines **d'argent** (200.000.000 francs par an).
L'industrie est peu développée ; on traite la canne à sucre, on fabrique du rhum, du chocolat. On cherche à utiliser les chutes d'eau et on traite déjà une partie des minerais.

Commerce. - Il se développe à mesure que les voies de communication s'étendent. Il y a 20.000 kᵐ de voies ferrées au Mexique.
Importations : tissus, produits manufacturés.
Exportations : argent, bois, café, cacao.

L'Amérique Centrale.

L'Amérique Centrale forme 6 républiques :
Guatemala, capitale Guatemala ;
San-Salvador, capitale San-Salvador ;
Honduras, capitale Tégucigalpa ;
Nicaragua, capitale Managua ;
Costa-Rica, capitale San-José ;
Panama, capitale Panama, autre ville Colon.
L'Angleterre possède l'Honduras anglais, capitale Bélise.

Géographie économique.

Agriculture. - Ces pays produisent :
Des bois, acajou, campêche ;
Du café, du cacao, de la canne à sucre.

Canal de Panama. - Les besoins du commerce ont fait songer à creuser l'isthme de Panama. Commencé par les Français, le canal va être achevé par les Américains. Il aura une longueur de 66 kᵐ et ira de Panama à Colon. Ce canal favorisera les Etats-Unis et tous les états du Pacifique de l'Amérique du Sud. Il sera achevé en 1915.

Les Antilles.

Géographie physique.

Les Antilles ou Indes occidentales forment un groupe d'îles qui s'étend en arc de cercle, depuis l'embouchure de l'Orénoque jusqu'à la presqu'île du Yucatan. Elles sont séparées de l'Amérique Centrale par la **Mer des Antilles**. On les divise en :

1º **Grandes Antilles**, Cuba, Haïti et Saint-Domingue, Porto-Rico, la Jamaïque ;

2º **Petites Antilles** formées des îles du Vent (*la Martinique, la Guadeloupe, la Dominique, etc.*) et des îles sous le Vent (*la Trinité, Curaçao*) ;

3º **Iles Lucayes ou Bahama**.

Relief du sol. – Elles sont montagneuses. Il y a quelques riches plaines dans les grandes Antilles et de nombreux volcans dans les petites (*éruption du mont Pelée qui détruisit Saint-Pierre en 1902*).

Climat. – Il est plus doux et moins meurtrier que celui de la côte de l'Amérique Centrale. Les pluies sont abondantes (*cyclones*).

Géographie politique.

Ces îles sont peuplées d'Européens et de Nègres.

Il y a 3 républiques :

1º **La République de Cuba** (*la perle des Antilles*) 2.500.000 h. ; elle a pour capitale **La Havane**, un grand port (260), **Santiago, Matanzas**.

2º **La république d'Haïti** (1.300.000 h.), capitale **Port-au-Prince** (60).

3º **La République de Saint-Domingue**, capitale Saint-Domingue.

Antilles américaines. – Porto-Rico, capitale San-Juan.

Antilles anglaises. – La Jamaïque, capitale Kingston (46) ; les îles Lucayes, la Barbade, la Dominique, la Trinité, etc.

Antilles françaises. – La Martinique, capitale Fort-de-France, la Guadeloupe.

Antilles hollandaises. – Curaçao.

Antilles danoises. – Saint-Thomas.

Géographie économique.

Agriculture. – L'humidité et la chaleur procurent à ces îles une belle végétation. Les principaux produits agricoles sont :

Des bois, acajou, campêche ;

De la canne à sucre dans la Jamaïque et les petites Antilles (*les mélasses servent à faire le rhum*) ;

Du café, Haïti et Saint-Domingue ;

Du tabac, Cuba (*cigares de La Havane*).

Industrie. – Il y a des raffineries de sucre, des distilleries de rhum, des fabriques de cigares.

Commerce. – Le commerce est fait par les métropoles et les Etats-Unis. Les principaux ports sont : **La Havane, Fort-de-France, Saint-Thomas**.

Importations : tissus, objets manufacturés ;

Exportations : sucre, café, tabac, cigares, rhum.

L'Amérique du Sud.

(Physique)

Superficie : 17.500.000 k^{m2}.

Formes. - L'Amérique du Sud a, comme l'Afrique, une forme massive ; ses contours sont réguliers et peu découpés. Elle va en s'amincissant vers le pôle sud.

Relief du sol. - Le relief de l'Amérique du Sud ressemble beaucoup à celui de l'Amérique du Nord. Il comprend :

1° **Une immense chaîne à l'ouest, la Cordillère des Andes,** qui va de l'isthme de Panama à la Terre de Feu. Elle est formée de chaînons parallèles. Elle s'élargit en son milieu et forme le plateau de Bolivie (4.000^m). Ce sont des montagnes volcaniques, difficiles à franchir (*Cotopaxi* 5.900^m, *Chimborazo* 6.300, *Sorata* 6.600, *l'Aconcagua* 7.000).

2° **Une série de plateaux à l'est, vers l'Atlantique, de Patagonie au sud ;** l'immense plateau **du Brésil** sillonné de chaînes de montagnes, et le **plateau des Guyanes.**

3° **Une immense plaine au centre,** appelée llanos dans le bassin de l'Orénoque, selvas (*forêts vierges*) vers l'Amazone, pampas (*prairies*) vers le sud.

Climat. - La plus grande partie de l'Amérique du Sud est située dans la zone torride ; aussi elle jouit d'un **climat très chaud** dans les plaines du centre, plus **tempéré** sur les montagnes. L'extrémité sud est **froide.**

Les pluies sont abondantes, surtout dans le bassin de l'Amazone.

Hydrographie. - Vers le Pacifique, les fleuves n'ont pas d'espace suffisant pour se développer ; ce ne sont que des torrents.

Le versant de l'Atlantique a de grands fleuves tous très abondants. Ce sont :

L'Orénoque (2.300 k^m), dans la plaine des llanos ;

L'Amazone ou Maranon (6.200) dont les eaux communiquent avec celles de l'Orénoque par le Rio-Negro et le Cassiquiari. C'est le fleuve qui roule le plus d'eau du monde. Il est très large (25 à 30 k^m) et très profond (50, 80^m). Il a un débit régulier. Il reçoit de nombreux affluents (*Rio-Negro, Madeira, Tapajoz*).

L'Orénoque et l'Amazone se terminent par deux vastes deltas :

Le Rio-San-Francisco ;

Le Rio de la Plata formé du **Paraguay,** du **Parana** et de **l'Uruguay.**

Côtes. - Les côtes de l'Amérique du Sud sont peu découpées.

Celles du Pacifique sont hautes, rocheuses (*baie de Guayaquil*).

Celles de l'Atlantique sont basses et marécageuses au nord, plus hautes à l'est et au sud, à cause du plateau du Brésil.

Le détroit de Magellan sépare la Terre de Feu du continent américain.

Les Etats de la Zone torride.

Géographie physique.

On a groupé, sous ce nom, la Colombie, le Vénézuéla, les Guyanes, l'Equateur, le Pérou, la Bolivie et le Brésil.

Relief du sol. - 1° La Cordillère des Andes, à l'ouest, s'épanouissant au nord (*Cordillère de Mérida*), s'élargissant au centre, plateau de Bolivie (*lac Titicaca* 3.600ᵐ) ;
2° Les plateaux du Brésil et des Guyanes, à l'est ;
3° Les llanos de l'Orénoque et les selvas de l'Amazone, au centre.

Climat. - Il est tropical et malsain dans les plaines, plus tempéré et plus sain sur les plateaux et les montagnes.
Les pluies sont abondantes.

Hydrographie. - Le Rio Magdalena, l'Orénoque, l'Amazone, le Rio San-Francisco.

Côtes. - Les côtes de l'Atlantique sont basses et marécageuses jusqu'à l'Amazone, puis hautes (*magnifiques baies de Bahia, de Rio-de-Janeiro*).
Celles du Pacifique sont hautes (*golfe de Guayaquil*).

La Colombie.

Superficie : 1.000.000 kᵐ². La Colombie occupe le nord de la Cordillère des Andes (*nombreuses vallées humides et cultivées*). Le plateau du sud est sec.

Population et villes. - 4.600.000 h. Elle est groupée dans les hautes vallées. La capitale est Santa-Fé-de-Bogota (120) à 2.600ᵐ d'altitude. ; Medellin, centre industriel ; Barranquillo, port sur la mer des Antilles.

Productions. - Café, cacao, canne à sucre, forêts. Elevage des bœufs.

Le Vénézuéla.

Superficie : 940.000 kᵐ². La République du Vénézuéla comprend le bassin de l'Orénoque encadré de 2 plateaux, l'un au sud, l'autre au nord. Le climat est chaud et humide sur la côte, plus tempéré sur les plateaux, et alternativement sec et humide dans les llanos.

Population et villes. - 2.660.000 h. La capitale est Caracas (72), à 37 kᵐ de son port La Guayra.

Productions. - Café, cacao, canne à sucre, forêts.
Elevage des bœufs dans les llanos.

Les Guyanes.

Les 3 Guyanes comprennent une région côtière marécageuse et malsaine et un plateau intérieur bordé de montagnes au sud.
La Guyane anglaise (295.000 h.) est la plus étendue et la plus peuplée. La capitale est Georgetown (50). On y cultive la canne à sucre.
La Guyane hollandaise (82.000 h.) a pour capitale Paramaribo. Elle produit du cacao.
La Guyane française (30.000 h.), capitale Cayenne (12), produit des bois et quelque peu d'or.

L'Equateur.

Superficie : 300.000 kᵐ². L'Equateur est formé d'une région côtière humide et chaude, des montagnes des Andes et de leur rebord oriental.

Population et villes. - 1.400.000 h. La capitale est Quito (80), à 3.000ᵐ d'altitude ; Guayaquil (50), un port.

Productions. - Cacao (32.000.000 kilos), café, forêts (*quinquina*) ; fabrication des chapeaux de Panama pour 5 millions de francs par an.

Le Pérou.

Superficie : 1.770.000 km2. Le Pérou présente les mêmes régions naturelles que l'Equateur : la côte, la montagne, le haut bassin de l'Amazone.

Population et villes. - 4.560.000 h. La capitale est **Lima** (135) ; son port, **Callao** (50).

Productions. - Canne à sucre, cacao, quinquina.

On exploite du cuivre, de l'argent et du guano.

La Bolivie.

Superficie : 1.400.000 km2. La Bolivie n'a pas de débouché sur la mer. La Cordillère des Andes s'y élargit et forme le plateau de Bolivie, très élevé (4.000m).

Population et villes. - 2.200.000 h. La capitale est **La Paz** (60), à 3.800m d'altitude ; Sucre, Potosi.

Productions. - Café, caoutchouc. Argent, étain, cuivre.

Les Etats-Unis du Brésil.

Superficie : 8.500.000 km2. Le Brésil couvre la moitié de l'Amérique du Sud. On distingue 2 régions naturelles :

1º **La plaine de l'Amazone** ou selvas, au climat humide et très chaud, parcourue par l'Amazone et ses affluents ;

2º **Le plateau du Brésil**, plus tempéré, mais encore très chaud.

Géographie politique.

Population. - 21.000.000 h. Elle comprend des **blancs** (13.000.000), des **métis** (4.500.000), des **nègres** (2.000.000), des **indigènes** (1.500.000). L'intérieur est peu peuplé, mais la côte orientale l'est beaucoup plus. Elle reçoit de nombreux **immigrants italiens et allemands** (70.000 *par an*).

On parle le portugais.

Gouvernement. - L'administration a été calquée sur celle des Etats-Unis. Il y a 20 états.

Villes. - Les grandes villes sont des ports. **Rio-de-Janeiro** (850), la capitale ; Para, **Pernambouc** (120), **Bahia** (230), **Sao-Paulo** (340), Manaos.

Géographie économique.

Le Brésil est encore un pays neuf. Depuis quelques années, il a pris un essor considérable, grâce au développement des voies de communication et à l'appui des capitaux français (3 milliards 1/2) et des immigrants. Le sol est relativement peu exploité.

Productions agricoles. - Café et caoutchouc, voilà les 2 principaux produits du Brésil.

Café, 11.000.000 de quintaux sur 14.000.000 que produit le monde entier, dans la région de Sao-Paulo, de Bahia.

Caoutchouc, 40.000 t. sur 90.000 t. que produit le monde, dans la région de l'Amazone *(Para)*.

Les produits secondaires sont : bois, canne à sucre, riz, coton, tabac.

Elevage des bœufs vers le sud, près de l'Uruguay.

Industrie. - Quoique assez considérables, les richesses minérales sont peu exploitées : or et diamant. L'industrie des produits agricoles est la seule qui ait quelque importance : raffineries de sucre, filatures de coton.

Voies de communication. - L'Amazone et ses affluents sont navigables.

Le Brésil a 22.000 km de voies ferrées, près des côtes surtout.

Commerce. - 2 milliards ; 236 millions avec la France en 1910.

Importations : produits manufacturés, tissus.

Exportations : Café, caoutchouc.

Les Etats du Sud.

Géographie physique.

Les Etats du Sud forment la pointe de l'Amérique du Sud. Ce sont : le **Chili**, le **Paraguay**, l'**Uruguay**, la **République Argentine**.

Relief du sol. — 1° La Cordillère des Andes à l'ouest (*Aconcagua* 7.000^m, *col de la Cumbre* 3.900^m) ;
2° Les plateaux de Patagonie et de l'Uruguay à l'est ;
3° L'immense plaine des pampas au centre.

Climat. — Il est chaud au nord, tempéré au centre, froid au sud.

Hydrographie. — Le Rio de la Plata formé du Paraguay, du Parana, de l'Uruguay, le Rio Colorado, le Rio Négro.

Côtes. — Les côtes du Chili sont rectilignes au nord ; très découpées au sud avec de nombreux fiords et îles (*détroit de Magellan*).
Les côtes de l'Atlantique forment de nombreuses baies.

Géographie politique.

Le Paraguay. — 630.000 h., capitale Asuncion (60).
Il est formé par une plaine d'alluvions très fertile qui produit du bois et des légumes.
La principale industrie est celle de l'extrait de quebracho, espèce de résine riche en tannin.

L'Uruguay. — 1.000.000 h., capitale **Montévidéo** (200), un excellent port.
L'Uruguay est un pays d'élevage, bœufs et moutons (*extrait de viande Liébig*).

Le Chili.

La République du Chili forme une longue bande de terre tournée vers le Pacifique et limitée à l'est par la Cordillère.

Population. — 3.200.000 h. Elle comprend des Indiens, des Hispano-Américains et des Européens. On professe la religion catholique et on parle l'espagnol.

Villes. — Santiago (330) la capitale, Valparaiso (140), un grand port ; **Conception**, **Punta-Arena** sur le détroit de Magellan.
Le Chili est un pays à la fois agricole et minier.

Agriculture. — Il y a 3 régions :
1° La région du nord, déserte, qui est riche en mines ;
2° La région centrale, fertile et cultivée, qui produit du blé, des vins, des fruits, des haricots, du tabac ;
3° La région du sud, plus froide, recouverte de forêts.

Productions minières. — La partie nord du Chili est une des régions minières les plus riches du monde. On extrait :
Du salpêtre (23.500.000 quintaux), du cuivre (17.000.000 kilos), de l'iode, de l'argent.

Industrie. - Elle est aux mains des étrangers qui traitent sur place les minerais. Il y a quelques usines métallurgiques et des minoteries.

Commerce. – Il s'est élevé à 1.150.000.000 de francs en 1910. « Ce sont les produits minéraux qui composent la base et comme l'assise du commerce extérieur chilien. En effet, sur une sortie totale de 599.000.000 de francs, les produits minéraux, à eux seuls, représentent une somme de 366.000.000. » (*Rapport du consul.*)

Importations : café, thé, tissus, houille, machines.

Exportations : salpêtre, cuivre, iode.

Ce pays a beaucoup à gagner au percement de l'isthme de Panama.

La République Argentine.

Cinq fois grande comme la France, la République Argentine a une population de 6.130.000 h.

C'est encore très peu, mais **l'immigration** l'augmente sans cesse (250.000 par an). Ce sont des Italiens, des Espagnols.

On parle l'espagnol et le français.

Les principales villes sont : **Buenos-Ayres** (1.200), la capitale, qui a la physionomie d'une grande ville européenne ; **La Plata** est un port meilleur que Buenos-Ayres ; **Rosario** (110), **Cordoba** (50), **Mendoza** (30), **Bahia-Blanca**.

La République Argentine est un pays d'avenir. L'agriculture et l'élevage constituent actuellement les 2 principales ressources. Les minerais sont abondants, mais encore peu exploités.

Agriculture. - Les vastes plaines, au nord de Buenos-Ayres produisent : **du blé et du maïs** (*Rosario est le centre d'exportation*).

La région andine donne **du vin, de la canne à sucre**.

La pampa nourrit **des bœufs** (30 millions), **des chevaux** (8 millions) et **des moutons** (70 millions).

Industrie. – La région andine renferme **de la houille, du fer, de l'or, de l'argent** ; mais le manque de voies de communication en empêche l'exploitation. Il y a **des conserves de viandes** (*extrait Liebig*).

Voies de communication. - Les fleuves sont navigables. Les chemins de fer sont déjà nombreux (20.000 km). Le **Transandin** reliera Buenos-Ayres à Valparaiso par Mendoza et le col de la Cumbre (*une partie est à crémaillère*).

Commerce. - Il est déjà très actif, près de 3 milliards.

Importations : tissus, machines, liqueurs, objets manufacturés.

Exportations : blé, laine, peaux, viandes, bétail.

Avec la France. - Notre commerce avec ces pays, d'abord assez important (20 °/₀) a diminué au profit du commerce allemand. Depuis quelques années, il s'améliore (380 millions).

Nous achetons du blé, de la laine, des peaux, du salpêtre, du cuivre ;

Nous vendons des tissus, des liqueurs, des produits manufacturés.

Remarque. - Les pays de l'Amérique du Sud ont besoin d'immenses capitaux pour mettre en valeur leurs richesses naturelles. De nombreux capitaux français y sont déjà engagés. Souhaitons qu'ils contribuent à améliorer nos relations avec eux.

L'Océanie.

L'Océanie n'est pas à proprement parler une partie du monde. On groupe sous ce nom toutes les îles, grandes ou petites, qui s'étendent entre l'Océan Indien et l'Océan Pacifique.

Superficie : 11.600.000 km2.

Nous ferons 3 groupes d'îles :

1° L'Australasie, qui comprend l'Australie, la Tasmanie et la Nouvelle Zélande ,

2° La Polynésie, comprenant toutes les petites îles du Pacifique ;

3° La Malaisie ou Insulinde, avec les îles de Sumatra, Java, Bornéo, les Célèbes, les Moluques, les Philippines, la Nouvelle Guinée.

L'Australie.

Géographie physique.

L'Australie est la plus grande île de l'Océanie ; elle forme à elle seule un véritable continent.

Superficie : 7.700.000 km2.

Elle est massive et peu découpée.

Relief du sol. - Elle forme **un vaste plateau** coupé en deux par une dépression qui va du golfe de Carpentarie au golfe de Spencer.

La partie orientale est bordée par une chaîne de montagnes, les **Alpes Australiennes** (*Mont Townsend* 2.240m).

Le plateau de l'ouest porte quelques massifs montagneux peu élevés *(Monts Mac-Donnel)*.

L'intérieur est **un véritable désert** (*désert de Victoria*).

La dépression centrale possède quelques lacs (*lac Eyre*).

Climat. - Le climat est essentiellement **continental**. On distingue :

1° **Au nord, un climat tropical, humide et chaud** ;

2° **La région de l'est jouit d'un climat tempéré** ;

3° **La région du centre, au climat sec.**

Hydrographie. — Il n'y a qu'un fleuve important, le **Murray**, grossi du **Darling**.

Côtes. - Elles sont peu découpées. La côte nord-est est bordée de récifs de corail (*la Grande Barrière*). Plus au sud, il y a d'excellentes baies (*de Sydney, de Melbourne, d'Adélaïde*).

Géographie politique.

Population. - 4.200.000 h. Cette population est composée de **colons anglais** et de 150.000 **indigènes** appartenant à la race mélanésienne (*noire*). Ces derniers reculent peu à peu vers l'intérieur et disparaissent.

Les Anglais y débarquèrent en 1788 (*1030 convicts*) ; mais c'est depuis la découverte de l'or, vers 1851, que l'accroissement devint assez rapide.

La région de l'est est la plus peuplée.

Gouvernement. – L'île appartient aux Anglais. Elle est divisée en 5 provinces qui ont chacune une administration particulière.

Villes. – Melbourne (527), Sydney (577), Adélaïde (140), Brisbane, Perth, Palmerston.

Géographie économique.

Les richesses naturelles ont été mises en œuvre par les Anglais.

Agriculture. – Elle ne trouve de terrain favorable que vers l'est. Les principales cultures sont : La vigne, le blé, le tabac.

Mais la principale ressource est l'élevage des moutons (120.000.000), produisant plus de 300.000.000 k. de laine d'excellente qualité. Elevage des bœufs assez important.

Productions minières. – Le sous-sol australien est riche en minerais :

De la houille, 8.000.000 t., près de Sydney et de Newcastle.

De l'or, pour 350.000.000 fr., au nord de Melbourne (*Ballarat*).

De l'argent (500.000 kilos), du cuivre, de l'étain.

Industrie. – C'est un pays d'avenir qui se passera bientôt de l'Europe.

L'industrie se développe assez rapidement : métallurgie, tissages, industries alimentaires.

Voies de communication. – L'Australie compte 24.000 km de voies ferrées. Une ligne télégraphique traverse le continent de Port-Darwin à Port-Augusta.

Ports : Sydney (6.000.000 t.), Melbourne. (*Marseille à Sydney, 37 jours*).

Commerce. – Il a atteint 3 milliards 1/2 en 1910. Les Anglais en font la plus grande partie.

Importations : objets manufacturés, boissons.

Exportations : laine, or, cuivre, peaux, houille, viande, beurre, œufs.

Le commerce avec la France est 125.000.000 fr. environ.

La Tasmanie. – Au sud de l'Australie, au delà du détroit de Bass, se trouve la Tasmanie, île montagneuse.

Elle appartient à l'Angleterre. La capitale est **Hobart-Town** (34). On y pratique l'élevage.

La Nouvelle Zélande. – Située à 800 km au sud-est de l'Australie, la Nouvelle Zélande est formée de 2 îles montagneuses d'origine volcanique (*île du Nord, île du Sud, Mont Cook 3.700m*).

Le climat est humide et doux.

La population, de 940.000 h., est composée d'Anglais.

Les villes sont : **Wellington** (58), **Auckland**.

C'est **un pays d'élevage** (*moutons et bœufs*).

Le commerce atteint 850.000.000 fr.

La Malaisie ou Insulinde

Géographie physique.

La Malaisie ou Insulinde comprend :
1° les îles de la Sonde. Sumatra, Java, Timor, Florès ;
2° L'île de Bornéo, les Célèbes, les Moluques ;
3° Les îles Philippines *(Luçon et Mindanao)* ;
4° Nous y rattachons la Nouvelle Guinée.

Relief du sol. - Ces îles sont montagneuses et volcaniques, sauf Bornéo. Les principaux volcans sont : le Krakatoa *(éruption de 1883)* et le Semeroe (3.670^m).

Climat. - Il est tropical et humide. La chaleur y est toujours égale, sauf aux Philippines où il y a 2 saisons.

Côtes et mers. - Elles déterminent de nombreuses mers *(de Chine méridionale, de Java)* et laissent entre elles des détroits *(de Malacca, de la Sonde)*.

Géographie politique.

La population totale est environ de 43.000.000 h. *(Java 30.000.000)*.
La race dominante est celle des Malais. Il y a de nombreux Chinois.

Possessions hollandaises. - 36.000.000 h. Les Hollandais ont conservé de très belles colonies :
1° **Les îles de la Sonde** *(Sumatra, Java, la 1/2 de Timor)* ;
2° **Les Célèbes, les Moluques, le 1/3 de Bornéo** et la partie occidentale de la Nouvelle Guinée.
La capitale est **Batavia** (120) ; autres villes : **Sourabaya** (150), **Sourakarta** (110).

Possessions américaines. - Les Américains ont enlevé aux Espagnols les Philippines, dont la capitale est **Manille** (250).

Possessions anglaises. - La partie nord de Bornéo et la partie sud-est de la Nouvelle Guinée.
Les Allemands ont la partie nord-est de la Nouvelle Guinée.

Géographie économique.

La Malaisie a une importance commerciale assez considérable, parce qu'elle est située sur la route de la Chine et du Japon. Elle sert de transition entre le monde australien et le monde asiatique. Les ressources agricoles sont relativement importantes.

Agriculture. - Les vallées et les plaines sont très fertiles et permettent les cultures les plus variées. Le climat chaud et humide active la végétation :
Des bois, ébène, acajou, caoutchouc ;
Du riz, de la canne à sucre, du café ;
Des épices, muscade, cannelle, clou de girofle, vanille, poivre ;
Du tabac, aux Philippines.

Industrie. - Bornéo renferme de la houille, du diamant ; l'île de Banca, de l'étain. Il y a des raffineries de sucre, des fabriques de cigares, de chapeaux *(Manille)*.

Commerce. - Le commerce est assez important :
  Importations : produits manufacturés, tissus.
  Exportations : épices, café, tabac, caoutchouc, étain.

La Polynésie.

Géographie physique.

La Polynésie comprend toutes les petites îles de l'Océan Pacifique. Les unes sont d'origine volcanique (*Sandwich, Nouvelle Calédonie, Taïti*) ; les autres de formation corallienne (*atolls*). Elles sont toutes situées dans la zone torride et jouissent d'un climat très chaud, adouci cependant par la mer et les alizés.

Géographie politique.

Les habitants, les **Polynésiens**, ont des mœurs très douces. Ils sont paresseux.

Possessions françaises. - Ce sont : la **Nouvelle Calédonie** (60), capitale Nouméa ; l'Archipel de la Société (*île de Taïti*) ; les îles Marquises, Valis (*des détails seront donnés à propos de l'étude des colonies françaises*).

Possessions américaines. - Ce sont : les **îles Sandwich ou Hawaï** (260), dont la capitale est **Honolulu**. Elles sont situées sur la route de San-Francisco en Extrême-Orient, et ont, de ce fait, une importance considérable pour les Américains.

Possessions anglaises. - Les Anglais possèdent les îles **Viti** et **Cook**.

Possessions allemandes. - Ce sont l'archipel **Bismarck**, les îles **Salomon**, **Marshall**, les **Carolines** et les **Mariannes**, achetées récemment à l'Espagne.
  Les îles **Samoa** sont indépendantes.

Géographie économique.

Agriculture. - Les Polynésiens, paresseux, ne travaillaient pas le sol ; ce sont les colons européens qui l'ont mis en valeur. Les îles volcaniques sont très fertiles. Grâce à la chaleur et à l'humidité, la végétation est très active. Les îles de corail sont stériles.
  Elles produisent :
  Des forêts, bananiers, cocotiers ;
  De la canne à sucre, du café, de la vanille.

Industrie. - La Nouvelle Calédonie renferme des mines de **nickel** très importantes.
  Les métropoles font chacune du commerce avec leurs possessions.

L'Afrique.

Etude d'ensemble.

L'Afrique fait partie de l'Ancien Continent, parce qu'elle a toujours eu des rapports étroits avec l'Europe et l'Asie, dont elle n'est séparée que par la mer Méditerranée.

Superficie : 30.000.000 km2.

Elle est, comme l'Amérique du Sud, lourde et massive.

Relief du sol. - L'Afrique est un immense plateau bordé de montagnes. On peut la comparer à une assiette renversée. Ce plateau est bordé :

1º Au nord, par l'Atlas ;

2º A l'ouest, par le Fouta-Djalon, le Cameroun (3.900ᵐ, la chaîne du Damaraland ;

3º Au sud, par le Nieuweveld, le Drakenberg ;

4º A l'est, par le massif des Grands Lacs (*Kénia* 5.500ᵐ, *Kilimandjaro* 6.000ᵐ), le massif de l'Abyssinie.

L'intérieur, fortement déprimé, forme une série de cuvettes (*lac Tchad, Congo, Zambèze*), flanquées de 2 déserts (*Sahara et Kalahari*).

Climat. - La plus grande partie de l'Afrique est située dans la zone torride ; aussi jouit-elle d'un climat chaud. S'étendant de chaque côté de l'équateur, elle possède une série de zones climatériques qui se répètent au nord et au sud de cette ligne. Ce sont:

1º La zone équatoriale au climat très chaud, très humide (*région du Congo*) ;

2º Les 2 zones tropicales caractérisées par 2 saisons, une saison sèche en hiver, une saison pluvieuse en été (*région du Soudan au nord, du Zambèze au sud*) ;

3º Les 2 zones sèches, aux pluies très rares (*Sahara au nord, Kalahari au sud*);

4º Les 2 zones tempérées, aux pluies hivernales, aux étés secs et chauds (*Algérie au nord, Le Cap au sud*).

Hydrographie. - Les fleuves de l'Afrique ont tous des chutes et des rapides, parce qu'ils sont obligés de traverser la bordure montagneuse pour gagner la mer. Ces chutes nuisent beaucoup à la navigation.

Le **Nil**, 6.500 kᵐ, prend sa source dans le lac Victoria ;

Le **Niger**, 4.200 kᵐ, décrit une vaste courbe vers le Sahara ;

Le **Congo**, 4.200 kᵐ, est le fleuve le plus abondant de l'Afrique ;

Le **Zambèze**, 2.600 kᵐ, a de nombreuses chutes.

Côtes. - La côte africaine est peu découpée et inhospitalière.

Les côtes de la **Méditerranée** sont hautes en Algérie, basses en Tripolitaine.

Celles de l'**Atlantique** sont d'abord sablonneuses, puis basses et marécageuses dans le golfe de Guinée, et enfin plates (*le meilleur port est Dakar*).

Celles de l'**Océan Indien** sont un peu meilleures.

La côte de la **Mer Rouge** est encombrée d'îlots de corail.

Flore et faune. - La flore et la faune sont étroitement liées aux zones climatériques.

1º La zone équatoriale, végétation luxuriante (*forêt vierge*) ; grands animaux (*éléphants, hippopotames, rhinocéros, singes*) ;

2º La zone tropicale, région des savanes et des cultures ; grands carnassiers (*lions, tigres, antilopes, zèbres*) ;

3º La zone sèche, végétation très pauvre (*palmiers*) ; animaux (*gazelles, chameaux, autruches*) ;

4º La zone tempérée, cultures variées, animaux domestiques de notre pays.

Population. - La population est difficile à évaluer, environ 140.000.000 h.

Au nord, vivent les **Berbères**, les **Kabyles**, les **Arabes**, les **Fellahs** ;

Au centre, les **Nègres** (*race noire*) ;

Au sud, les **Cafres**, les **Hottentots**.

Les habitants du nord professent le mahométisme ; les Nègres, le fétichisme.

Ces populations, sauf les Arabes et les Berbères, sont très peu civilisées.

L'Afrique du Nord ou Maghreb.

Géographie physique.

L'Afrique du Nord ou Maghreb comprend : le Maroc, l'Algérie, la Tunisie.
C'est une région de transition entre le monde européen et le monde africain.
Superficie : Maroc, 500.000 km² ; Algérie-Tunisie, 750.000 km².

Relief du sol. - Ces pays sont parcourus de l'ouest à l'est par la chaîne de l'Atlas. On distingue :

1° L'Atlas tellien, le long de la Méditerranée (*le Rif, l'Ouarsenis, le Djurjura, Monts des Kroumirs*) ;

2° L'Atlas saharien, vers le Sahara (*Anti-Atlas, Zaghéroun, Ksours, Amour, Aurès, Zaghouan*) ;

3° L'Atlas marocain, aux massifs enchevêtrés (*l'Aïachi, le Tanjourt* 4.700ᵐ) ;

4° La région des Hauts-Plateaux (900ᵐ), entre l'Atlas tellien et l'Atlas saharien, sur laquelle les eaux s'amassent dans des lacs (*chotts Cheryhui, Zahrès, etc.*).

De la Méditerranée au Sahara s'étendent successivement la plaine très étroite du Tell, l'Atlas tellien, les Hauts-Plateaux, l'Atlas saharien et le Sahara.

Climat. - Il y a 3 zones climatériques :

1° La région du Tell, au climat **doux et maritime** ;

2° La région des Hauts-Plateaux, au climat **continental et sec en été** ;

3° La région du Sahara, au climat **très sec.**

Les pluies sont plus abondantes en hiver qu'en été. Le Maroc en reçoit plus que l'Algérie.

Hydrographie. - Les fleuves marocains sont assez abondants (*l'oued Draa, Tensift, Sébou, Moulouïa*). Les fleuves algériens sont de véritables torrents en hiver, à sec en été (*Chélif, Sahel, Seybouse, Medjerdah*).

Côtes. - Les côtes de l'Atlantique sont basses et sablonneuses.

Celles de la Méditerranée sont rocheuses et découpées. Après le cap Bon, la côte est de nouveau sablonneuse.

Le Maroc.

Le Maroc (500.000 km²) est baigné par la Méditerranée et l'Atlantique ; il occupe donc une très belle situation dans l'Afrique du Nord.

Population. - 8.000.000 h. Ce sont : **des Berbères, des Arabes, des Maures et des Juifs.** Ils vivent en tribus indépendantes, constamment en révolte contre l'autorité du sultan incapable de les soumettre. A la suite du traité franco-allemand du 4 novembre 1911, le **Maroc vient d'être placé sous le protectorat français.** La région nord sera soumise au protectorat espagnol.

Les villes sont : **Fez** (150), **Marakech ou Maroc** (50), Méquinez, **Tanger** (30), Rabat, Casablanca, Mogador.

Productions. - L'état d'anarchie dans lequel a vécu ce pays a empêché tout développement économique. Pourtant il y a des plaines fertiles vers l'Atlantique.

Céréales, blé, orge, oranges, forêts sur le Rif et l'Atlas.

Elevage des chevaux, des bœufs, des moutons.

Les ressources minérales sont abondantes, mais peu exploitées (*fer, cuivre, plomb*).

L'industrie est à peu près nulle. Il n'y a ni routes, ni chemins de fer.

La France a une grande œuvre à accomplir.

L'Algérie et la Tunisie.

Géographie politique.

Population. - L'Algérie et la Tunisie constituent une seconde France au delà de la Méditerranée. La population est de 7.000.000 h. dont 5.230.000 pour l'Algérie et 1.770.000 pour la Tunisie. Elle comprend :

1º **Des indigènes** de race berbère (*Kabyles*, *Kroumirs*) et des Arabes ;
2º **Des Européens** (730.000 dont 440.000 Français), des Espagnols, des Italiens et des Juifs.
Les indigènes professent la religion musulmane.

L'Algérie. - L'Algérie est une possession directe, divisée en 3 départements :

1º Le département d'Oran, **avec Oran** (106), Tlemcen (35), Mascara ;
2º Le département d'Alger, **avec Alger** (175), Médéa, Dellys, Blida ;
3º Le département de Constantine, **avec Constantine** (58), Bône, Philippeville, Bougie, Guelma, Biskra.

La Tunisie. - La Tunisie est un pays de protectorat, administré par un bey dont les actes sont contrôlés par un résident général.
Villes : **Tunis** (200), **Bizerte, Sfax, Gabès, Kairouan, Gafsa**.

Territoires militaires. - Il y a 3 territoires militaires : **d'Aïn-Sefra, de Laghouat, d'Ouargla** qui appartiennent à la zone désertique.

Géographie économique

L'Algérie et la Tunisie sont devenues prospères depuis notre conquête. La région du Tell est fertile ; les ressources minérales sont abondantes ; mais la houille fait défaut.
Pour le moment, ce sont des pays agricoles.

Agriculture. - Les productions varient suivant les régions.

1º Le Tell, au sol fertile, au climat doux, produit :
Des céréales, blé et orges ;
Des vins, 7.000.000 h¹ ;
Des olives, 13.000.000 kg d'huile d'olive en Kabylie et en Tunisie.
Des oranges, des citrons, des primeurs, des chênes-lièges.
2º Les Hauts-Plateaux produisent de l'alfa. — **Elevage des chevaux et des moutons.**
3º Le Sahara, **des dattes.**
On pêche sur les côtes le thon, la sardine, l'éponge et le corail.

Productions minières. - Point de houille.
Fer, très abondant, Mokta-el-Hadid, Aïn-Mokra.
Quelque peu de zinc, de cuivre, de plomb.
Phosphates de chaux, mines les plus riches du monde, à Tébessa, Gafsa.

Industrie. — La plupart des produits minéraux ne sont pas traités sur place. Le manque de houille gêne beaucoup le développement industriel de ces régions. On traite surtout les produits agricoles.
Il y a des huileries, des minoteries, des fabriques de bouchons (*Philippeville*).
Des usines métallurgiques se montent dans les principaux ports.

Voies de communication. - Les fleuves ne sont pas navigables. Les principaux chemins de fer sont :
1º De Tlemcen à Tunis.
2º Lignes de pénétration : d'Oran à Colomb-Béchar ; de Constantine à Biskra ; de Guelma à Tébessa ; de Sousse à Kairouan ; de Sfax à Gafsa.

Commerce. - Il s'élève à **850 millions** dont 650 pour l'Algérie et 200 pour la Tunisie.
Importations : produits manufacturés, tissus, houille, denrées coloniales.
Exportations : vins, blés, huile d'olive, dattes, alfa, liège, moutons, chevaux, fer, phosphates.
Ce sont des pays d'avenir.

Le Sahara.

Superficie : 6.200.000 km2.

Relief du sol. - On a cru longtemps que le Sahara était un désert de sable ; en réalité, c'est un sol caillouteux et sablonneux à certains endroits. Il est parcouru par des chaînes de montagnes, **le Tibesti** (*Mont Tarso 2.400ᵐ*), **le Tassili, l'Ahaggar, le plateau de l'Adrar** à l'ouest.

Climat. - Le Sahara a **un climat continental**, d'une sécheresse extrême, avec de grands écarts de température entre le jour et la nuit (+ 50°, + 2°).

Hydrographie. - Il n'y a pas de fleuves ni de rivières, mais des nappes d'eau souterraines qui effleurent quelquefois le sol (*oasis*).

Côtes. - Les côtes de l'Atlantique sont bordées de dunes.

Population. - Des **tribus berbères** se partagent le Sahara avec les **Touaregs** et les **Maures**.
Le Maroc possède le **Tafilet**. Mais la plus grande partie est placée sous **l'influence française**. Les Espagnols ont le Rio-de-Oro.
Les principales oasis sont : **In-Salah, El-Goléa, Igli, Taoudéni**.

Productions. - Ce pays n'a pas grande valeur ; c'est plutôt un obstacle au commerce avec le Soudan.
Les productions sont : l'alfa, les gommes, les dattes.
Le commerce se fait par caravanes. On parle de nouveau du transsaharien.

Le Soudan et la Guinée.

Géographie physique.

Situation. - On pourrait limiter le Soudan, au nord, par une ligne parallèle à l'équateur, qui passerait au nord de la boucle du Niger ; au sud, par une autre ligne qui prolongerait horizontalement la côte de Guinée ; à l'est, par le Massif abyssin ; à l'ouest, l'Atlantique. On le divise en :
1° **Soudan occidental**, vers l'Atlantique ;
2° **Soudan central**, région du lac Tchad ;
3° **Soudan oriental ou égyptien** (*sera étudié avec l'Egypte*).

Relief du sol. - Le Soudan occidental et le Soudan central forment chacun une dépression :
1° **Le Soudan occidental**, la dépression du **lac Débo** sur le **Niger**. Elle est séparée de la mer par le **Fouta-Djalon** (1.340ᵐ) et les hauteurs de **Kong**.
2° **Le Soudan central**, la dépression du **lac Tchad**, entourée par les monts du Tibesti, de Sokoto, de l'Adamaoua et l'Ouadaï.

Climat. - Le climat est **très chaud, malsain** sur la côte de Guinée. Il y a 2 saisons :
1° **La saison pluvieuse**, d'avril en octobre (*mousson venant de la mer*) ;
2° **La saison sèche**, en hiver (*mousson venant du continent*).

Hydrographie. - Les fleuves sont abondants en été. Ce sont : le **Sénégal**, la **Gambie**, la **Casa-mance**, la **Volta** et le **Niger** qui décrit une vaste courbe vers le Sahara et reçoit le **Bénoué**. Le **lac Tchad** (27.000 km2) reçoit le **Chari**.

Côtes. - La côte du golfe de Guinée est basse, bordée de lagunes et de bas-fonds qui empêchent les navires d'aborder.

Géographie politique.

Population. - La population, très difficile à évaluer, est formée de **Touaregs**, de **Maures**, au nord : de **Nègres** vers la côte de Guinée (*traite des noirs*).

Possessions françaises. - La France possède la plus grande partie du Soudan.
Le **Sénégal**, avec les villes de **Saint-Louis, Dakar, Kayes**.
La **Guinée française**, dont le port est **Konakry**.
La **Côte d'Ivoire**, Grand-Bassan, Bingerville.
Le **Dahomey**, Abomey, Porto-Novo.
En arrière, nous avons une vaste zone d'influence (*territoires militaires*) **qui occupe tout le Soudan intérieur jusqu'au Tchad, et unit entre elles nos possessions de la côte avec l'Algérie et la Tunisie, à travers le Sahara.**

Possessions anglaises. - Les colonies anglaises sont :
La **Gambie**, Sainte-Marie-de-Bathurst ;
La **Sierra-Léone**, avec le port important de **Freetown** ;
Les **Achantis**, Coast-Castle ;
La **Nigéria**, très vaste, à l'embouchure du Niger et le **Sokoto** qui va jusqu'au Tchad, Le port important est **Lagos**.

Possessions allemandes. - Les Allemands possèdent :
Le **Togoland**, capitale Togo ;
Le **Cameroun** et l'**Adamaoua** jusqu'au Tchad.

Possessions portugaises. - Les Portugais se sont emparés de la **Guinée portugaise**.
La **République de Libéria est indépendante**, capitale Monroë.

Géographie économique.

Agriculture. - Le sol du Soudan est en général fertile et pourrait produire davantage. Les prin-cipales productions sont :
Des forêts, bananiers, cocotiers, **gommes, caoutchouc** ;
Du riz, du maïs, du sorgho, du blé ;
Du sésame, des arachides, de l'huile de palme.
Les tribus nomades élèvent des troupeaux de **bœufs, de zèbres**.

Productions minières. - Les ressources minières sont mal connues : **poudre d'or, fer, ivoire**.

Voies de communication. - Les Européens construisent des routes et des chemins de fer (*de Dakar à Saint-Louis, de Kayes à Bamakou, de Konakry à Kouroussa, de Bingerville à Kong*).
Le commerce se fait par caravanes.
Importations : étoffes, sel, armes, boissons.
Exportations : arachide, sésame, caoutchouc, gommes, ivoire.

L'Afrique du Nord-Est.

Géographie physique.

L'Afrique du Nord-Est comprend l'**Egypte**, l'**Abyssinie** et la **Tripolitaine**. Elle est limitée au nord, par la Méditerranée ; à l'ouest, par le Sahara ; au sud, par la région des grands lacs ; à l'est, par la mer Rouge.

Relief du sol. - On distingue 5 régions :

1° **Au sud-est, le massif volcanique de l'Abyssinie** (*Ras Dajan*, 4.600m) creusé au centre par la dépression du lac Tana ;

2° Près de la Mer Rouge, quelques plateaux prolongent le massif abyssin, et en arrière, vers le Nil, le désert arabique ;

3° **Au sud-ouest, les plateaux du Dar-Four et du Kordofan** *(Soudan oriental).*

4° **A l'ouest, le désert de Lybie, prolongeant le Sahara ;**

5° **Enfin, au centre, la longue vallée du Nil**.

Climat. - Il est très chaud et sec.

L'Abyssinie possède 3 zones climatériques :

1° **La zone tropicale** jusqu'à 1.800m ;

2° **La zone tempérée**, de 1.800 à 2.400m ;

3° **La zone froide**, au-dessus de 2.400m.

Les pluies sont abondantes en été dans le Soudan et l'Abyssinie, plus rares en Egypte.

Hydrographie. - Le seul fleuve important est le **Nil** (6.500 km) qui prend sa source dans le **lac Victoria**. Il a d'abord un cours rapide, puis lent dans la basse Egypte. Il descend successivement plusieurs plateaux par des chutes et des rapides. Arrivé dans la plaine, il s'appauvrit peu à peu, et se jette dans la Méditerranée en formant un vaste delta. De juin à octobre, il déborde et inonde les terres voisines qu'il recouvre d'un limon fertilisant. Les affluents sont le Bar-el-Gazal, le Nil-Bleu, l'Atbara.

Côtes. - Les côtes de la Méditerranée sont basses, plates et sablonneuses. Celles de la Mer Rouge sont rocheuses.

L'Egypte.

Dans l'étude de l'Egypte, il faut considérer :

1° **L'Egypte** proprement dite ;

2° **Le Soudan anglo-égyptien.**

Population. - 11.200.000 h. La population, formée de **Fellahs**, de **Bédouins**, d'**Arabes** et de **Juifs**, est peu active, inconsciente du temps qui passe et fataliste. Les Egyptiens sont musulmans.

C'est un état tributaire de la Turquie, administré par un **khédive**. Mais, depuis 1883, **l'Egypte est sous la dépendance de l'Angleterre.**

Villes : **Le Caire** (640), **Alexandrie** (380), **Damiette**, **Port-Saïd**, **Suez**.

Productions agricoles. - « **L'Egypte est un don du Nil** », a-t-on dit. Elle produit **du coton** pour 700.000.000 francs. Maïs, canne à sucre, blé, fèves.

L'élevage est peu pratiqué : ânes, chameaux.

Industrie. - Il n'y a ni houille, ni minerai. L'Egypte possède quelques **raffineries de sucre** et des tissages.

Voies de communication. - Le Nil est navigable jusqu'aux cataractes. Dans le delta, les chemins de fer sont nombreux. Une ligne remonte le Nil jusqu'à Karthoum.

Commerce. - 1.364.000.000 en 1910, savoir :

Importations : 612.000.000 ; produits manufacturés, tissus.

Exportations : 752.000.000 ; coton, sucre.

Le Soudan Anglo-Egyptien.

Le Soudan Anglo-Egyptien se compose :
1° Du Soudan oriental,
2° De la Nubie.

Le Soudan oriental. — 2.000.000 km2. Le Soudan oriental occupe les plateaux du Dar-Four et du Kordofan et le pays des Rivières *(Bahr-el-Ghazal)*.
Le climat y est très chaud, avec 2 saisons, l'une sèche, l'autre pluvieuse.
La population est très clairsemée, environ 4.000.000 h.
Les villes sont : **Khartoum** (60), **Omdourman** (42), Fachoda, El-Facher.
Il produit des bois, des gommes, des arachides.

La Nubie. — La Nubie forme un plateau aride et désertique *(désert de Nubie)*.
La principale ville est Dongola.
On y cultive, sur les bords du Nil, le dourah.

La Tripolitaine.

La Tripolitaine est le prolongement du Sahara vers la Méditerranée. C'est un désert; seul, le plateau de Barka est recouvert de quelque verdure.
Population : 1.000.000 h La Tripolitaine a été, jusqu'à présent, une province turque. Les Italiens viennent de l'annexer.
Villes : **Tripoli** (30), Benghazi et les oasis de Ghadamès, Ghat, Moursouk.
Productions : dattes, élevage des moutons et des chameaux.
Tripoli est l'aboutissement d'un certain nombre de caravanes.

L'Abyssinie.

L'Abyssinie est très montagneuse.
Population : 4.600.000 h. C'était, il y a quelques années, un pays très morcelé. Ménélik a fait reconnaître sa suzeraineté par tous les rois.
Villes : **Addis-Ababa** (50), la capitale ; Ankober, Harrar.
Productions : L'Ethiopie est un pays agricole ; l'industrie est à peu près nulle.
Les terres chaudes ou kolla ont des forêts.
La zone tempérée ou voïna-dega, **du café.**
La zone froide ou dega a des prairies ; on élève des bœufs.
Le chemin de fer de Djibouti à **Harrar** draine la plus grande partie des produits : peaux, café, ivoire, cire.

Colonies Européennes.

Possessions italiennes. — L'Italie s'est établie, vers 1886, sur le bord de la Mer Rouge, à Massouah, **Assab** ; de là, elle voulut étendre ses possessions vers l'Abyssinie, mais Ménélik la repoussa. Le territoire possédé est l'Erythrée.

Possessions françaises. — En 1860, la France établit un dépôt de charbon à Obok, un très mauvais port. On s'empara après de **Djibouti** dans la baie de Tadjourah
Les Anglais possèdent Zéïla et Berbéra.

L'Afrique équatoriale.

Géographie physique.

L'Afrique équatoriale comprend le bassin du Congo et la région des Grands Lacs.

Relief du sol. - Le bassin du Congo forme une cuvette dont le fond est occupé par le **lac Léopold**. Elle est bordée à l'est par le **massif des Grands Lacs** (*Kénia* 5.500^m, *Kilimandjaro* 6.000^m); au sud, par le **plateau de Bihé** et les Lockinga ; à l'ouest, par la chaîne côtière.

Climat. - Il est très chaud et humide *(zone équatoriale)*.

Hydrographie. - Les fleuves sont abondants. Ce sont : l'**Ogooué** (1.200 k^m), le **Congo** (4.200), qui sort du lac Bangouélo, déverse le lac Tanganika et traverse la bordure montagneuse par de **nombreuses rapides**. Il est navigable à son embouchure et sur le plateau. Ses affluents sont : l'**Oubanghi**, le **Kassaï**.

Le plateau oriental est semé de grands lacs : **Victoria, Tanganika, Nyassa**.

Côtes. - Les côtes de l'Atlantique sont basses au fond du golfe de Guinée ; elles se relèvent après l'embouchure du Congo. Il y a peu de bons ports.

Les côtes de l'Océan Indien sont meilleures *(île de Zanzibar)*.

Géographie politique.

L'Afrique équatoriale est habitée par les **nègres** *(marchés d'esclaves)*.

Le Congo indépendant ou belge. - 20.000.000 h. environ. Il est placé sous la présidence du roi des Belges. C'est un pays neutre.

Les villes sont : **Boma, Léopoldville**.

Le Congo français. - 5.000.000 h. Nous devons cette colonie aux efforts de **Savorgnan de Brazza**. Notre territoire s'étend jusqu'au Tchad.

Les villes sont **Libreville** (12), Franceville, Brazzaville.

Possessions portugaises. - Les Portugais possèdent le **Congo Portugais**, tout petit, et l'**Angola** (1.000.000 h.) dont la capitale est **Saint-Paul-de-Loanda**.

Possessions anglaises. - Vers l'Océan Indien les Anglais ont acquis l'**île de Zanzibar** et l'**Afrique orientale anglaise**, capitale Monbaz.

Possessions allemandes. - Les Allemands se sont emparés de l'**Afrique orientale allemande** dont le port principal est Bagamoyo.

Géographie économique.

Agriculture. - Les ressources agricoles sont seules exploitées. La végétation est abondante ; mais le climat trop meurtrier nuit beaucoup au développement économique de ces régions qui produisent :
Des forêts (*forêt équatoriale*), bananiers, cocotiers, caoutchouc ;
De la vanille, du café, des épices, vers l'Océan Indien.

Industrie. - Le fer paraît abondant, mais il est peu exploité.
L'industrie est nulle.

Voies de communication. - Les moyens de communication manquent. Le Congo serait une admirable voie de pénétration si ce n'étaient ses chutes. Les bêtes de somme ne résistent pas à la chaleur, et l'on est obligé de faire transporter les produits par des nègres.
Importations : tissus, parapluies, verroterie.
Exportations : caoutchouc, café, vanille.

L'Afrique australe.

Géographie physique.

L'Afrique australe forme l'extrémité sud de l'Afrique.

Relief du sol. - C'est un immense plateau entouré de montagnes, plateau de Bihé au nord ; monts du Damaraland à l'ouest ; Nieuweveld, Drakenberg (*Mont aux Sources*, 3.050ᵐ), le plateau des Matébélès, au sud et à l'est.
Le centre est occupé par le Kalahari.

Climat. - La région du Zambèze a **2 saisons** : une saison sèche en hiver, une saison pluvieuse en été *(analogie avec le Soudan)*.
La région du Cap jouit d'un climat tempéré.

Hydrographie. - Les principaux fleuves sont :
L'Orange grossi du Waal ;
Le Limpopo ;
Le Zambèze (2.600 kᵐ), grossi du Chiré qui déverse le lac Nyassa.
Ils ont tous des chutes et sont très peu utilisables.

Côtes. - La côte de l'Atlantique est plate et rectiligne (*baie de Walfish*).
Celle de l'Océan Indien est plus haute et meilleure (*baie Delagoa*).

Géographie politique.

Possessions anglaises. - 8.000.000 h. Les Anglais possèdent la moitié de l'Afrique australe. Ce sont :
1º La colonie du Cap, capitale Le Cap (80), Port-Elisabeth ;
2º Le Natal, Durban (80) ;
3º L'Orange, Bloemfontein ;
4º Le Transwal, habité par les Boers (*d'origine française et hollandaise*) capitale Prétoria (35), Johannesburg (190) ;
5º La Rhodésia et la Zambézie ;
6º La baie de Walfish.

Possessions allemandes. - Les Allemands ont conquis un vaste territoire assez pauvre, **le Damaraland** ou **Sud-Ouest africain allemand** (170.000 h.), dont la capitale est Angra-Péquéna.

Possessions portugaises. - Les Portugais ont une longue bande de terre le long de l'Océan Indien, c'est l'**Afrique orientale portugaise**, avec les ports de **Mozambique** et de **Lourenço-Marquès**.

Géographie économique.

L'Afrique australe est une des régions les plus prospères du Continent africain. Les ressources agricoles sont très variées, et les ressources minières abondantes en métaux précieux.

Agriculture. - Le centre et l'ouest sont peu fertiles ; le sud-est l'est davantage. Les principales productions agricoles sont :
> **La canne à sucre, le riz, les céréales, la vigne, le café.**
> **L'élevage des autruches, des moutons et des bœufs est assez rémunérateur.**

Industrie. - Les productions minières sont très importantes :
> **De l'or**, au Transwal (7 à 800.000.000 francs ;
> **Du diamant**, dans la région de Kimberley (près de 200.000.000 francs) ;
> **De la houille**, sur les flancs du Drakenberg (5.000.000 tonnes).
> Malgré ces richesses naturelles, l'industrie est encore peu développée.

Voies de communication. - Les Anglais ont construit des chemins de fer qui aboutissent aux principaux ports (*de Prétoria à Lourenço-Marquès, de Prétoria à Durban, du Cap à Beira, avec un projet de prolongement sur le Caire*).

Commerce. - Le commerce s'élève à 1 milliard 1/2. Les Anglais en font la plus grande partie.
> **Importations :** machines, tissus, objets de luxe.
> **Exportations :** plumes d'autruche, diamant, or, laine.

Avec la France. - La sympathie des Boers pour la France a fait que nous avons conservé avec ces pays certaines relations que des commerçants habiles pourraient développer. Nous y vendons des articles de luxe (*pour 8.000.000 de francs*).

L'Afrique Insulaire.

Nous rattachons à l'étude de l'Afrique, celle de quelques îles qui l'entourent de près ou de loin. Nous en ferons 2 groupes :

1º Les îles de l'Océan Atlantique ;
2º Les îles de l'Océan Indien.

Iles de l'Océan Atlantique. - Ce sont :

1º **Aux Portugais**, les Açores, **Madère** (140.000 h.) célèbre par ses vins ; les îles du Cap Vert et l'île du Prince *(golfe de Guinée)* ;

2º **Aux Espagnols**, les Canaries (290.000 h.), les îles Fernando-Po et Annobon dans le golfe de Guinée ;

3º **Aux Anglais**, l'Ascension et Sainte-Hélène.

Iles de l'Océan Indien. - Les Anglais possèdent les Seychelles et l'île Maurice (380.000 h.), qui produit de la canne à sucre.

Les Français ont **Madagascar, les Comores et la Réunion.**

Madagascar.

Géographie physique.

Superficie : 600.000 km², longueur 1.600 km, largeur 400 km.

Relief du sol. - **Madagascar est une île montagneuse et volcanique.**

Le centre est occupé **par un vaste plateau** *(Betsiléo, Imérina)* **surmonté de massifs montagneux** *(massif d'Ankaratra, 2.700m).*

A l'ouest, le plateau s'abaisse graduellement jusqu'à la plaine **sakalave** ; tandis qu'à l'est, les montagnes sont très près de la mer, et la plaine côtière est réduite à une étroite bande de terre.

Climat. - Le climat varie d'une région à une autre.

1º La côte orientale a un climat chaud, mais adouci par la mer ;
2º La région Nord-Ouest est soumise aux moussons ;
3º La région méridionale est sèche ;
4º Les plateaux du centre ont un climat tempéré.

En résumé, le climat est malsain sur les côtes, supportable sur les plateaux.

Hydrographie. - Les fleuves de la côte orientale ont un cours rapide *(torrents)* ; ceux de la côte occidentale sont abondants pendant la saison des pluies : **la Betsiboka grossie de l'Ikopa, le Mangoki.**

Côtes. - 4.000 km. La côte orientale est droite, basse, sablonneuse. Celle de l'ouest est découpée.

Géographie politique.

Population. - **2.700.000** h. Elle comprend :
    1º **Les Sakalaves ou Malgaches**, au caractère doux ,
    2º **Les Hovas** *(venus au XIIᵉ siècle)*, intelligents. mais perfides.
    C'est une possession directe, administrée par un gouverneur général.

Villes. - **Tananarive** (60), la capitale ; **Tamatave** (12), **Diégo-Suarez**, **Majunga**, Tuléar, Fort-Dauphin, Fianarantsoa.

Géographie économique.

Le développement économique, quoiqu'à ses débuts, a fait de rapides progrès depuis une dizaine d'années.

Agriculture. - Le sol n'est pas très fertile ; les terres labourables sont nombreuses, mais de petite étendue. L'île produit :
    Des bois, ébène, acajou, raphia, caoutchouc ;
    Du riz, du coton, du café, du cacao, de la vanille ;
    On élève des bœufs et des vers à soie.

Industrie. - Le sous-sol renferme de la houille, du fer, du cuivre et de l'or (7.000.000 de fr.).
    L'industrie se développe. Les Malgaches sont assez habiles. On y fait **des tissus, des nattes, des chapeaux de panama.**

Voies de communication. - Elles étaient nulles au moment de la conquête. Nous avons construit des routes et des chemins de fer.
    Tananarive sera bientôt reliée à Tamatave par une voie ferrée.

Commerce. - Il atteint 78.000.000 de francs dont 55 millions pour la France.

Les Comores, la Réunion.

Les Comores. - Près de la côte de Madagascar, nous possédons les îles **Nossi-Bé. Mayotte, Anjouan et la Grande Comore**, désignées sous le nom **de Comores.**
    Elles produisent de **la vanille** et de **la canne à sucre.**

La Réunion. - Grande comme la moitié d'un département français, la Réunion est **une île montagneuse et volcanique** *(le Piton des Neiges,* 3.000ᵐ).
    Le climat est chaud, mais sain. Les cyclones y sont redoutables.
    Population : 170.000 h. ; capitale, Saint-Denis (30) ;
    Productions : canne à sucre *(rhum),* **café, vanille.**

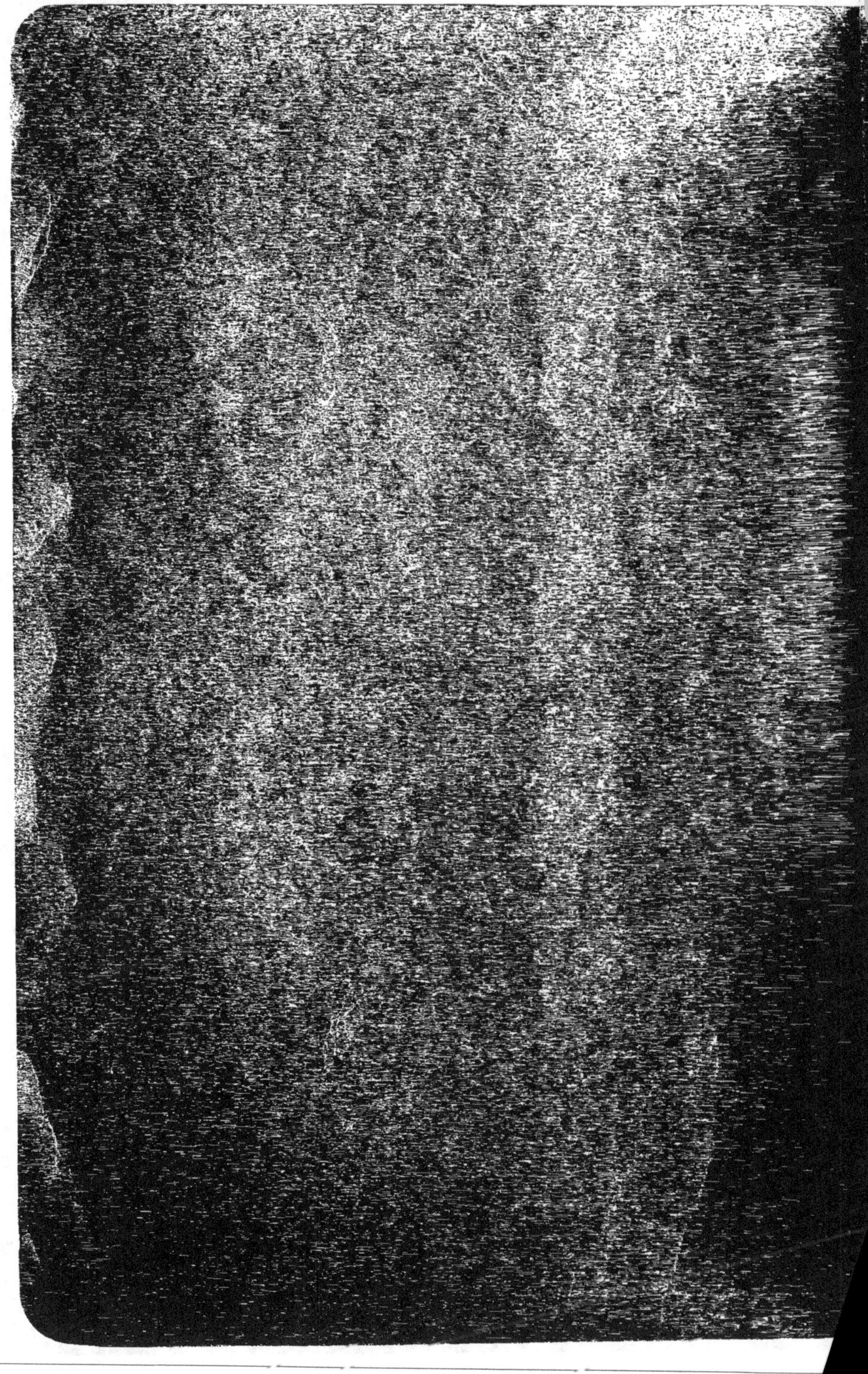